마케팅을
그림으로
보여주마

KITI
한국산업훈련연구소

마케팅을
그림으로
보여주마

**그래픽을 이용해
마케팅의 직관력을 키워주는 두뇌 트레이닝!**

미야 에이지 저 **윤상근** 편역

MARKETING
BRAIN
PUZZLE

마케팅을
그림으로
보여주마

초판 인쇄 | 2004년 9월 6일
초판 발행 | 2004년 9월 11일
재판 2쇄 발행 | 2005년 9월 5일

저자 | 미야 에이지
편역자 | 윤상근
발행자 | 박경일
책임편집 | 배성철
마케팅 | 변영권
펴낸곳 | 한국산업훈련연구소
등록 | 1978년 6월 24일 제1-256호
주소 | 130-812 서울시 동대문구 신설동 104-30
전화 | 02-2234-4174~5
팩스 | 02-2234-6070
이메일 | kiti@chol.com
ISBN 89-7019-155-0 03320

값 9,500원
＊잘못된 책은 바꿔 드립니다.

현대사회를 비즈니스 사회라고 부를 만큼 기업의 비즈니스 활동은 사회에 미치는 영향력이 상당히 커졌다. 과거에는 금리나 화폐의 공급량 등 국가 경제 정책이 경제면에서 큰 비중을 차지했었다. 하지만 현재는 거대기업이 어떠한 의사결정을 내리고, 어떤 식의 경영방식을 채용하는 가에 따라 국가 혹은 세계 경제를 크게 좌우하게 되었다.

그렇지만 명성을 날리던 거대기업도 영원히 존속하지는 못하고 역사의 뒤안길에서 태어났다가는 사라지곤 하는 부침이 계속되고 있다. 그렇다면 어찌하여 이와 같은 거대한 기업제국이 그토록 맥없이 쇠퇴해 버리고 마는 것일까?

그것은 한 마디로 말해서 기업이 외부환경에 적절하게 적응하지 못했기 때문이다. 모르는 사이에 외부환경과의 사이에서 커다란 간격이 생겨 기업의 의사결정이 경직되고 마침내는 기업의 존속 그 자체가 부정되어 버리기 때문이다.

기업과 외부환경 사이에 간격이 벌어지는 이유는 무엇일까? 그것은 기업으로서 가장 중요하게 생각해야 할 고객을 무시했기 때문이다. 지난 날 무명의 기업이 오로지 고객만을 생각하며 고객 만족을 제1의 목적으로 삼고 최선을 다해 비즈니스 활동을 함으로써 고객에게 인정을 받아 마침내는 거대한 기업으로 부상하게 된다. 하지만 어느 사이엔가 타성에 젖어 모든 것을 당연하게 생각해 버리는 일이 생기게 된다.

'우리 회사 제품은 당연히 고객이 사 줄 것이다!' '부품 회사나 유통업자는 당연히 우리 회사의 의도대로 움직이게 되어 있다!' '만일 상품이 팔리지 않는다면 그것은 세상이 잘못된 탓이며 고객이 무지한 탓이다!' 라고 생각해 버리고 마는 것이다. 즉 고객을 염두에 두고 비즈니스 활동을 해야 한다는 마케팅 발상이 결여된 까닭이다. 마케팅 발상이 등장하기 이전에는 기업은 오로지 상품만을 만들어 팔기만 하면 되었다. 고객 만족 따위는 전혀 생각하지 않고 상품을 팔아왔다. 좀 더 비약해서 말한다면 국가경제 발전에 공헌하고 있다는 일방적인 기업 이념 하나로 경영을 해온 것이다.

마케팅은 이같은 기업 중심의 사고방식을 벗어버리라고 말한다. 발상의 코페르니쿠스적 전환을 통해 오로지 고객의 입장에서 생각하고 경영해야 한다는 것이다.

고객이 만족해 하는 상품을 만들어 고객이 만족할 수 있는 방법으로 판매한다는 '고객만족'의 정신을 구현해야 한다는 것이다. 그러므로 마케팅에서는 역발상, 새로운 아이디어, 고정관념을 타파하려는 시도 등 신선한아이디어를 중시하는 특징이 있다.

이러한 이유로 마케팅을 배우고자 하는 사람은 반드시 유연한 두뇌와 참신한 아이디어를 몸에 지녀야 할 필요가 있는 것이다. 현대와 같이 변화가 극심한 비즈니스 사회에서는 경직되고 갇힌 사고방식으로는 기업을 존속해 나가기 힘들게 되었다. 고객만족에 초점을 맞추어 새로운 발상으로 비즈니스를 생각하도록 하는 것이 마케팅인 것이다.

한편으로 마케팅 정신은 커뮤니케이션의 상대를 염두에 두고 행동을 하려는 모든 조직이나 개인에게도 부합되는 이론이라고도 할 수 있다. 이 책이 비록 기업을 대상으로 쓰여진 것이기는 해도, 마케팅 정신은 지방자치단체, 도서관, 대학 등 각종 사회기관에서도 적용할 수 있는 정신인 것이다.

본서는 역발상의 정신을 일깨우고, 고객으로부터 배울 수 있는 자세를 키우기 위해 쓰여진 책이다. 또한 문자를 이용한 논리전개로 독자를 일방적으로 설득하려고 하기보다는 독자 스스로 생각하며 스스로 관점을 확립하기를 바라는 마음에서 도표로만 책을 꾸몄다.

그렇기 때문에 강요에 가까운 설명은 가급적 생략하고 도표와 도표 사이의 공백부분은 읽는 사람 스스로의 상상력으로 메워주도록 한 것이다. 이것은 마치 미술관에서 미술작품을 보는 것처럼 도표 하나하나를 보면서 '이것도 아니고 저것도 아니다. 우리 회사라면 이렇게 할 것이다'는 식으로 적극적인 두뇌 트레이닝을 하면서 마케팅의 알짜배기 이론이 자연스럽게 몸에 배기를 바라는 것이다. 그러므로 이 책을 마케팅 정신을 바로 세우는 지적 자극제로 활용해준다면 저자로서는 이보다 더 큰 기쁨은 없을 것이다.

이 책은 일본의 마케팅을 대상으로 쓰여졌기 때문에 한국의 독자들에게는 다소 이질적인 점이 있으리란 우려가 들기도 하지만, 마케팅의 기본 정신인 '고객지향' 정신은 충분히 공감하리라 믿는다.

일본의 마케팅과 한국의 마케팅을 비교하면서 한국의 마케팅을 재인식하거나 새로운 한국식 마케팅을 창출하가 위한 계기가 될 수 있다면 더 이상 바랄 나위가 없겠다.

2004년 9월, 미야 에이지

오늘날은 기업 경영에서 마케팅의 중요성이 커져가는 마케팅의 시대이다. 기술과 디자인 및 고객만족이 중요해지고, 고객들의 기호가 10인10색 이상으로 까다로와지고 있다. 이에 따라 사기업과 공기업은 물론 비영리단체에서도 마케팅의 비중이 커지는 추세이다.

마케팅이란 고객의 기대와 욕구가 무엇인가를 찾아서 그것을 충족시키는 활동이다. 이를 위해서는 상품, 촉진, 가격, 유통 같은 마케팅 요소가 있어야 가능하다. 즉 좋은 품질의 상품을 창출하여 시장에 진출하려면 적당한 시기에 알리고 판매하면서 고객들을 관리하는 촉진이 제대로 뒷받침되어야 한다. 그리고 고객들은 적당한 가격을 원한다. 생활에 필요한 상품을 제대로 구입하기 위해서는 유통이 발달되어야 한다. 이를 위해서는 중간상의 발달, 교통망의 확충, 물류시스템의 구축 등이 필수적이다.

수많은 고객들에 대한 정보를 제대로 파악한다는 것은 쉬운 일이 아니다. 이유는 고객들이란 높은 안목과 기대치, 국내외 기업간의 비교, 만족 이상의 감동을 추구하는 존재들이기 때문이다. 이러한 고객들을 제대로 파악해야만 만족스런 상품의 창출이 가능하다. 이를 위해서는 마케팅에 대한 바른 이해가 있어야만 가능할 것이다.

이 같은 바람에 부응해서 1991년 〈알기쉬운 마케팅〉으로 발간된 이 책은 독자들의 꾸준한 사랑을 받아왔다. 13년간 이 책을 사랑해주신 독자들의 기대를 충족시켜드리고자 이번에 새롭게 편집된 판형을 선보이게 되었다.

마케팅 이론에 관한 탁월한 식견을 자랑해온 미야 에이지교수가 모든 내용을 그림과 도표로 설명함으로써, 마케팅에 대한 이해촉진은 물론 업무적용에도 많은 도움을 받을 수 있을 것이라 생각한다. 이 책은 마케팅을 그림으로 시각화하였기에 대학이나 산업교육현장에서 프리젠테이션용으로도 활용가치가 클 것이다. 영상 시대에 걸맞게 마케팅을 시각적으로 재구성한 이 책을 일독함으로써 마케팅에 대한 빠른 이해와 함께 업무적용에도 촉진제가 되기를 바라는 마음이다.

2004년 9월, 윤상근

■■■■ 목 차

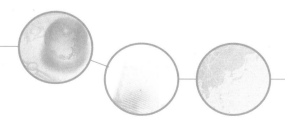

제2부 마케팅 믹스 Marketing Mix

제1부
마케팅 관리

Marketing Management

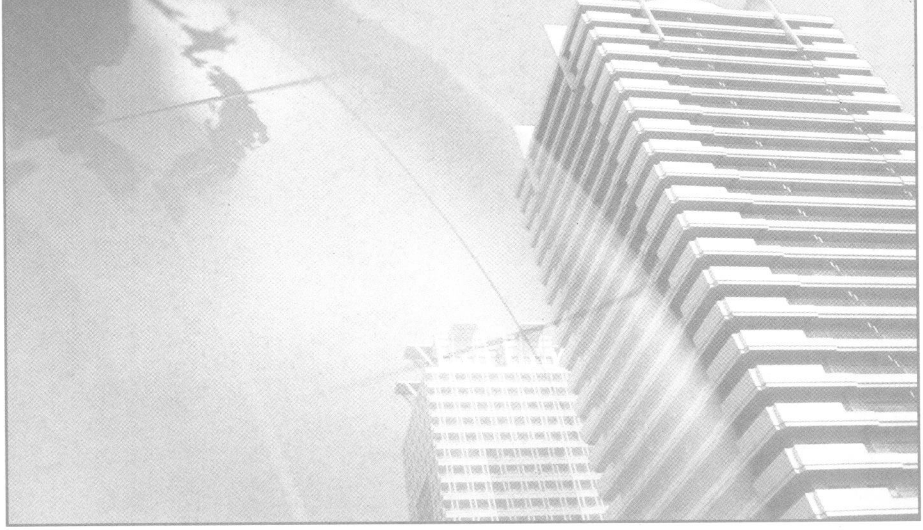

MARKETING
BRAIN
PUZZLE

제1장 마케팅

1. 마케팅이란

넓은 의미에서의 마케팅이란 대상으로 하는 고객이나 조직에게 만족을 제공하는 동시에 기업의 목표를 달성하기 위한 경영활동이고, 좁은 의미에서의 마케팅이란 고객만족을 위해 전개되는 경영활동이다.

(1) 마케팅의 발생과 발전과정

경영활동의 처음에는 '판매'가 존재했다.

그러나 생산과잉으로 뜻대로 팔리지 않게 되었다.

생각끝에 내려진 결론은
'고객이 원하는 제품을 만들어야 한다' 는 것이었다.

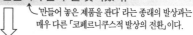
'만들어 놓은 제품을 판다' 라는 종래의 발상과는 매우 다른 「코페르니쿠스적 발상의 전환」이다.

고객지향의 마케팅 탄생

마케팅은 그 독특한 발상과 함께 경영활동의 중심위치가 되었다.

마케팅은 발전을 거듭하여 비영리조직이나
인간관계에서까지 응용하게 되었다.

표1-1 마케팅의 발생과 발전과정

	판 매	마 케 팅
제1 목적	파는 것	고객만족
이익이란	기업이 구하고자 하는 것	기업노력의 결과
고객이란	파는 대상	만족시켜주는 대상
기업 내에서의 위치	1개 부문	중심
거래는	판매시점에서 종료	고객이 만족함으로써 종료
의사 결정으로서는	프로그램화 된다	프로그램화 되지 않는다
활동으로서는	교환 활동	창조적 활동
상품이란	주어지는 것	창출하는 것

(2) 판매와 마케팅

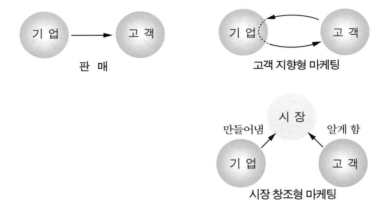

표1-2 지향성(Orientation)의 종류

종 류	방 향	대 표 적 인 예
고객지향	고객	가전 메이커
생산자지향	생산	전력회사, 정유회사
사회적지향	사회성	도서관, 미술관
모회사지향	모회사	자회사
종업원지향	종업원들의 만족	조합
원 조 지 향	원조해주는 기관	은행에서 대출받는 회사

(3) 마케팅 회사(Marketing Company)

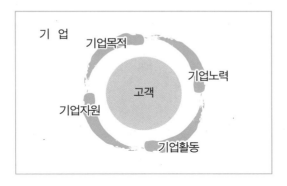

POINT

'고객은 왕'(Customer is King)이라는 말이 있듯이 기업은 경영활동에 있어서 고객 제일주의 정신을 뿌리 내리지 않으면 안 되는데, 바로 이같은 발상이 마케팅적 사고이다.

2. 마케팅의 역사

(1) 마케팅의 발전

① 만들기만 하면 팔리던 시대

- 수요 > 공급
- 팔려고 애쓰지 않아도 팔림.
- 영업사원은 가만히 앉아서 주문만 받음.
- '고객은 하인'(Customer is Servant)이라고 생각하는 그릇된 발상

② 팔려고 노력하던 시대

- 수요 = 공급
- 대량생산 · 대량판매 시대
- 도매상에 밀어넣기만 하면 어떻게든 됨.
- 영업능력의 차이가 기업의 차이를 만듦

③ 만들어 놓아도 팔리지 않는 시대

- 수요 < 공급
- 타사와는 다른 정책이 중요시 됨.
- 다양화가 진행됨.
- 효율과 비용절감의 추구

④ 마케팅이 기업의 중심인 시대

- 마케팅적 발상을 중요시 함.
- 경영활동이 다양하게 전개되며 세련되어짐.
- 마케팅과 영업업무가 분리됨.

⑤ 고객 지향이 본격적으로 인식되는 시대

- 생산·조직·예산분배 등 모든것이 고객 인식의 바탕에서 행해짐.
- 고객의 생활이 주요한 주제가 됨.

(2) 최근의 마케팅 경향

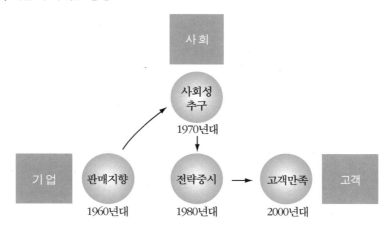

POINT

고객 지향은 경영활동에 있어서 영원한 주제이고, 마케팅은 경영활동의 회전축 역할을 하고 있다는 점은 의심의 여지가 없다.

3. 마케팅의 종류

표1-3 마케팅의 분류(수요에 의한 분류)

종 류	수 요 상 태	마케팅의 역할
변 환 마 케 팅	부 정 적	좋은 이미지로 전환시킴
자 극 마 케 팅	제 로 (무 관 심)	창 조 함
개 발 마 케 팅	잠 재 적	개 발 함
재 (再) 마 케 팅	감 퇴 적	부 활 시 킴
동 시 화 마 케 팅	부 정 기 적	항상 수요가 있도록 함
유 지 마 케 팅	완 전	유 지 시 킴
디 마 케 팅	과 잉	수 요 를 억 제 함
카 운 터 마 케 팅	불 건 전	수 요 를 없 앰

(1) 마케팅 연구의 어프로치(Approach) 종류

표1-4 마케팅의 종류(용어중심)

① 이론면
- 경영자적 마케팅
- 생태학적 마케팅
- 메타 마케팅(Meta-Marketing ; 형이상학적 마케팅)

② 표현면
- 전사적 마케팅
- 고압적 마케팅(Push)
- 저압적 마케팅(Pull)
- 전략적 마케팅
- 계량적 마케팅
- 사회적 마케팅

③ 산업별 · 제품별 · 조직별
- 산업별 마케팅
- 소매 마케팅
- 도매 마케팅
- 서비스 마케팅
- 식품 마케팅
- 의류제품 마케팅
- 비영리 마케팅

④ 대상별
- 패션 마케팅
- 라이프 스타일 마케팅
- 생활현장 마케팅
- 지역 마케팅
- 사이즈 마케팅
- 타임 마케팅
- 이벤트 마케팅
- 문화 마케팅
- 도시 마케팅
- 사회적 마케팅

⑤ 국제문제
- 국제 마케팅
- 수출 마케팅
- 질서있는 마케팅

제2장 마케팅 관리

1. 마케팅 환경

마케팅 환경이란 마케팅을 실시하는 가운데 영향을 미치는 모든 요인의 집합체를 뜻한다.

(1) 환경의 분류

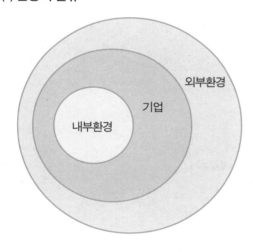

(2) 외부환경

(3) 내부환경

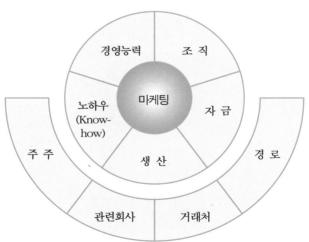

(4) 적소와 적소성

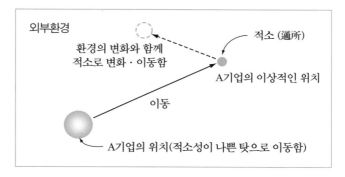

POINT

기업은 환경 속에서 생존하고 활동하므로 환경 파악과 환경 적합성이 무엇보다도 중요하다. 그리고 경쟁사의 전략을 파악하여 대응전략을 수립해야 한다.

2. 마케팅 활동

(1) 기업 활동과 마케팅 활동의 기본형

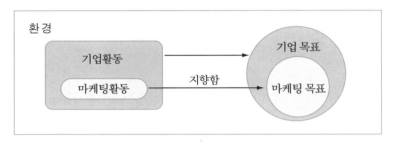

(2) 마케팅 활동의 실시

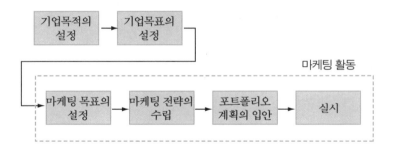

표2-1 마케팅 활동의 기본형

① 창조 활동형(Creative) ·· 시장을 창조함.
② 적응 활동형 (Adaptive)·· 시장에 적용함.
③ 휴리스틱 활동형 (Heuristic) ···················· 상황에 따라 활동이 달라짐.
④ 철수 활동형(Withdrawn)································· 시장에서 철수함.
⑤ 경쟁 활동형 (Competitive)···경쟁기업과의 관계에서 활동을 결정함.

(3) 마케팅 활동의 기본적 특징

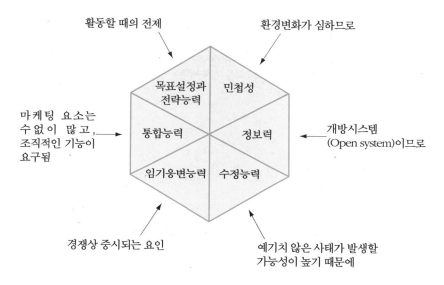

활동할 때의 전제

환경변화가 심하므로

마케팅 요소는 수없이 많고, 조직적인 기능이 요구됨

개방시스템 (Open system)이므로

목표설정과 전략능력

민첩성

통합능력

정보력

임기응변능력

수정능력

경쟁상 중시되는 요인

예기치 않은 사태가 발생할 가능성이 높기 때문에

(4) 마케팅 활동을 규정하는 주요한 요인

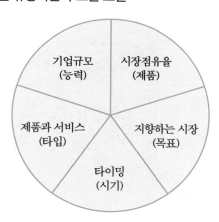

기업규모 (능력)

시장점유율 (제품)

제품과 서비스 (타입)

지향하는 시장 (목표)

타이밍 (시기)

POINT

마케팅활동은 외부환경과 상호관계하는 개방시스템 안에서 성립되므로 동태적 예측이나 통제가 어렵다. 그러나 그러한 문제를 극복할 수 있는 것이 마케팅이다. 이러한 마케팅 활동의 창조성이 시장을 만들어내는 것이고, 고객수요를 창출해내는 것이다.

3. 마케팅 조직

(1) 조직이란

(2) 기업조직의 기본형

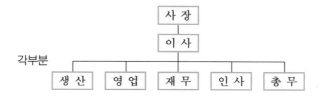

(3) 마케팅 조직의 발전단계 (기본형)

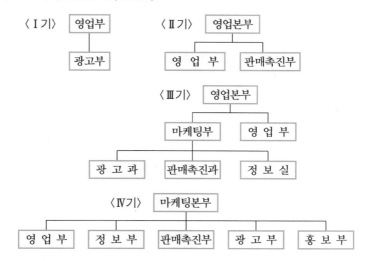

표2-2 마케팅 활동의 기본형

① 기능별 조직·······················광고부 · 영업부 등으로 나눔.
② 지역별 조직·······················동부지역 · 서부지역 등으로 나눔.
③ 제품별 조직·······················비누 · 세제 · 치약 등으로 나눔.
④ 상표관리자 조직················상표별로 관리자를 배치하여
　　　　　　　　　　　　　　영업부와 같은 부서를 별도로 둠.
⑤ 사업부제··························각 부문을 별개의 사업체로 생각함.
⑥ 프로젝트 조직···········프로젝트의 필요성에 따라 담당조직을 둠.
⑦ 메트릭스 조직···············업무의 내용에 따라 명령계통이 달라짐.

표2-3 환경과 조직의 관계

		기업 전체의 내용	
		비(非)프로그램 업무가 많다.	프로그램화된 업무가 많다.
환	동태적	프로젝트 조직 (사소한 데까지 손이 미침) → 종합상사가 그 전형	평면 조직 (소매기업이 그 전형)
경	정태적	라인스탭 조직 (전문적 지식집단을 형성)	피라미드 조직 (업무의 분업이 중심)

⑷ 조직상의 지위와 의사결정

POINT

마케팅을 조직에 적응시키는 방법의 문제는 매우 어려운 일이다. 기업이 속해 있는 산업, 취급하는 제품, 기업이 처해 있는 상황에 따라 크게 다르기 때문이다. 하지만 환경의 속도에 발맞추어 동태적 조직으로 이행되고 있다는 점만은 분명한 사실이다. 조직의 기동성은 기업과 환경 사이의 간격을 줄일 수 있는 중요한 요인으로 인식되고 있다.

4. 마케팅 의사결정

(1) 의사결정의 기본형

자극　　　의사결정　　　행 동

(2) 의사결정이란

(3) 조직 내의 의사결정자의 입장

(4) 내부환경에서의 의사결정

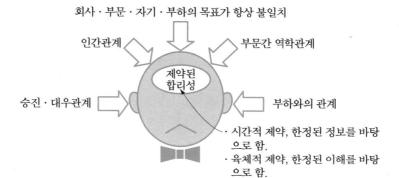

회사 · 부문 · 자기 · 부하의 목표가 항상 불일치

인간관계

부문간 역학관계

제약된
합리성

승진 · 대우관계

부하와의 관계

· 시간적 제약, 한정된 정보를 바탕
으로 함.
· 육체적 제약, 한정된 이해를 바탕
으로 함.

표2-4 마케팅 의사결정의 특징(1)

〈제약된 합리성〉
· 마케팅 요소가 많음
· 타이밍이 중요함
· 시간제약이 엄격함
· 판정기준의 미확립이 많음
· 질적 문제가 많음

〈내부 환경〉	〈외부환경〉
· 거래처와의 역학관계 · 경로문제가 복잡함 · 소매상의 정보가 미치지 못함	· 경쟁요인의 예측이 어려움 · 역동적인 환경 · 고객과의 의사소통에 장애가 많음 · 원인의 명확화가 어려움

표2-5 마케팅 의사결정의 특징(2)

〈마케팅 의사결정〉		〈폐쇄시스템 의사결정〉
구조화되지 않은 의사결정	←——→	구조화된 의사결정
프로그램화 되지 않은 의사결정	←——→	프로그램화 된 의사결정
전략적 의사결정	←——→	트레이드 오프 의사결정

POINT

아무리 훌륭한 마케팅 모델을 사용하여 성공 확률이 높은 행동안을 계획한다고 해도 의사결정권자가 거부하면 그것으로 끝나 버린다. 이런 전제에 입각하여 마케팅 계획을 수립하는 것이 바람직하다. 마케팅은 특정 시간이나 장소에 영향을 받기 때문에 시기나 장소가 달라지면 환경과 여건에 따라 예측이 어려운 경우가 나오게 되므로 철저한 마케팅 계획의 수립이 요구되는 것이다.

5. 마케팅 관리(Marketing Management)

> 마케팅 관리란 마케팅 목표의 달성을 위하여 기업의 자원과 능력을 최대한 활용하면서 전략·계획·통제·실시·분석 등을 해나가는 것이다.

(1) 마케팅 관리

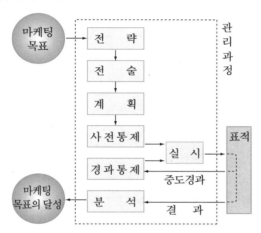

(2) 마케팅 관리의 '계획' 부문을 확대한 것

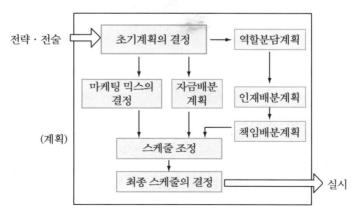

(3) 거시적 마케팅 관리

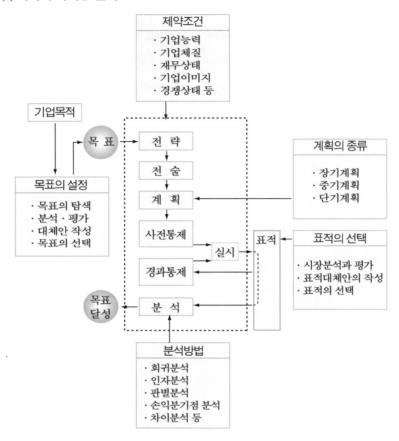

제약조건
· 기업능력
· 기업체질
· 재무상태
· 기업이미지
· 경쟁상태 등

기업목적

목 표

목표의 설정
· 목표의 탐색
· 분석 · 평가
· 대체안 작성
· 목표의 선택

전 략
전 술
계 획
사전통제
경과통제

실시

표적

목표
달성

분 석

계획의 종류
· 장기계획
· 중기계획
· 단기계획

표적의 선택
· 시장분석과 평가
· 표적대체안의 작성
· 표적의 선택

분석방법
· 회귀분석
· 인자분석
· 판별분석
· 손익분기점 분석
· 차이분석 등

POINT

마케팅의 이론화는 마케팅 관리에의해 시도되는 일이 많은데 이 책도 그런 것을 토대로 하였다. 그런데 근래의 경향으로 마케팅 관리는 전략적 색채가 강해졌고, 사례연구도 많이 도입되고 있다.

6. 기업 목적

기업목적이란 기업 조직을 만들어 기업을 유지 발전시키는 데 필요한 궁극적인 방향을 말하며, 이것을 기업 내 조직 구성원들이 공통적으로 인식해야 하는 것이다.

(1) 기업 목적이란

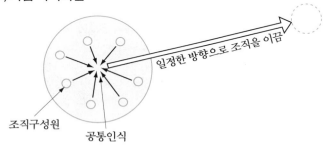

(2) 기업 목적의 설정 차이로 발생되는 기업성장 격차

표2-6 기업 목적의 예

회 사 종 류	기 업 목 적
화 장 품 회 사	아름다움을 통해서 꿈을 제공함.
제 약 회 사	사람들의 건강에 봉사함.
여 행 사	여행에 의해 감동과 만족을 제공함.
철 강 회 사	철강재에 의해 사회를 건설함.
미 용 실	헤어스타일을 통해 미를 추구함.

표2-7 기업 목적의 설정이 중요한 까닭

① 한정된 목적 설정이라면 그 분야 산업의 수명주기(Life Cycle)에 의하여 제약되므로 위험이 커짐.
② 발전 가능성이 있는 목적 설정의 경우 발상이 유연하게 됨.
③ 목적 그 자체가 시대에 따라 금지되는 경우가 있음(군수산업 등).
④ 제품 개발에 차이가 크게 생김.
⑤ 환경의 변화에 유연하게 대응함.
⑥ 한정된 목적 설정일 경우 신흥산업을 처음부터 무시하는 경향이 있음.
⑦ 한정된 목적 설정은 그 조직의 고정화 경향이 강해짐.

POINT

마케팅은 그 자체가 과거와 색다른 발상법으로 경영을 재검토하는데서 제기되는 것이므로 마케팅론은 발상의 중요성을 크게 중시하는 학문의 하나라고 하겠다. 따라서 그러한 발상을 무게있게 규정하는 것이 기업의 목적이며, 이와 같은 기업 목적에 따라 생겨나는 발상은 달라지거나 발상의 폭이 좁아지거나 한다. 특히, 환경 변화가 심한 오늘날 기업목적의 설정이 좋고 나쁨에 따라 기업간 차이가 발생하는 원인이 되고 있다.

제3장 시 장

1. 시장(Market)이란

시장이란 대상으로 하는 제품이나 서비스를 구매하거나, 구매가능성을 지닌 고객이나 기업의 집합체를 말한다.

(1) 시장의 분류(라이프 사이클 측면에서)

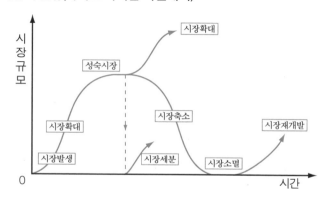

표3-1 시장의 분류(시간 측면에서)

과거 시장	현 재 시 장		미래 시장
	기존시장*	신 시 장	
	시 장 침 투 시 장 철 수 시 장 세 분 화	잠 재 시 장 시 장 개 척 시 장 참 여	시 장 창 조
	변혁함 ━━━▶ 시장변혁 시 장 장 악		

*기존 시장이란 자기 회사와 관계되는 기존시장

37

(2) 시장의 분류(거래의 유무로서)

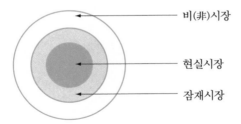

- 비(非)시장
- 현실시장
- 잠재시장

(3) 대중시장과 소수시장

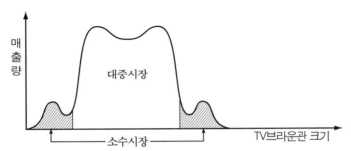

매출량

대중시장

소수시장

TV브라운관 크기

(4) 동질적 시장과 이질적 시장 및 개별적 시장

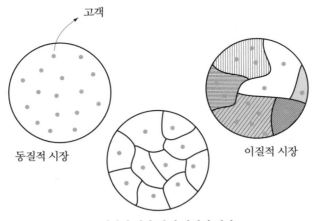

고객

동질적 시장

이질적 시장

개별적 시장(완전 이질적 시장)

⑸ 구매자 지향시장과 판매자 지향시장

구매자 지향시장	〈판매자〉 약함 ⸺ 〈구매자〉 강함	공급 〉 수요
판매자 지향시장	강함 ⸺ 약함	공급 〈 수요

2. 시장세분화

시장세분화란 기업이 독자적인 기준으로 시장을 분화시켜 그 분화된 시장에 적응시키는 전략으로서 타사와의 차별화를 도모하려는 전략을 말한다.

(1) 시장세분화와 시장 단일화

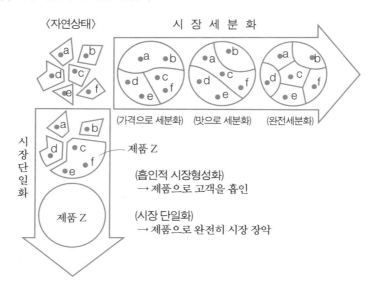

(2) 시장세분화를 할 때의 밸런스 감각

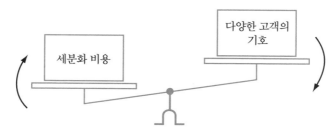

표3-2 시장세분화 기준

① 지리적 요인에 의한 분류 기준
· 인구 · 나라 · 지형 · 도시 · 도,시,군,구 · 지역 · 기후 등
② 고객의 특성에 의한 분류기준
· 나이 · 민족 · 국적 · 머리털색 · 피부색 · 체형 · 체질 등
③ 구매의사결정에 작용하는 분류기준
· 직업 · 소득 · 주소 · 주거(전세,아파트 등) · 종교 · 지지정당 · 결혼 · 가족수 · 소유물(자가용 유무 등) · 라이프 스타일 · 취미 · 태도 · 기호 · 구매빈도 · 사용기간 · 구매량 · 상표충성도 등
④ 기업측이 설정하는 분류기준
· 상품의 질 · 상품의 사이즈 · 상품의 색 · 맛 · 가격 · 서비스의 부가 · 사용목적

(5) 인스턴트 커피의 시장세분화 전략

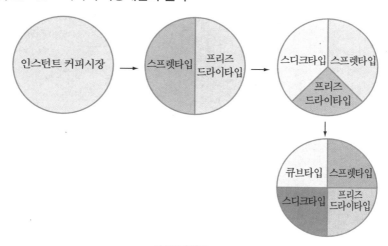

POINT

현대 마케팅의 특징을 한마디로 표현한다면 시장세분화 마케팅이라고 말해도 좋을 만큼 시장세분화는 놀라울 정도로 진전되고 있다. 이러한 결과 시장세분화를 기술적으로 다루는 기업이 마케팅의 명수라고 할 수 있다. 오늘날은 상품경쟁 시대라기보다는 전략경쟁 시대에 돌입한 느낌이다. 시장세분화의 이점으로는 고객욕구의 정확한 충족, 고객의 충성도 제고, 경쟁 우위의 확보이다.

3. 표적

표적(Target)이란 기업이 마케팅 활동을 할 때 목표로 하는 시장을 말한다.

(1) 표적 마케팅

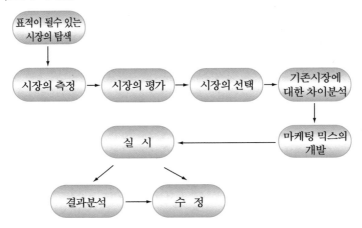

(2) 표적 설정의 종류

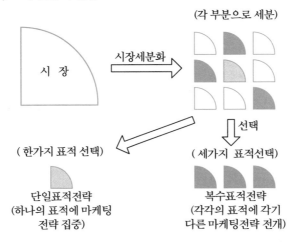

(3) 표적 수정 행동

① 표적을 비켜가는 마케팅전략

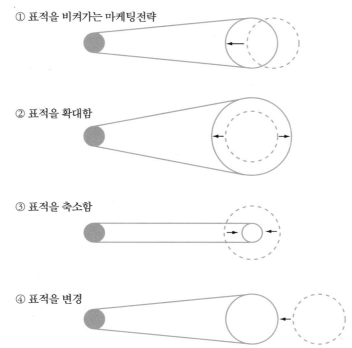

② 표적을 확대함

③ 표적을 축소함

④ 표적을 변경

표3-3 표적 설정시의 체크포인트의 예

1. 표적으로 하는 시장이 채산성이 있는 시장인가?
2. 그 표적에 어필하는 마케팅이 자사에는 있는가?
3. 같은 표적에 참여하고 있는 타사의 수와 그 성과는?
4. 그 표적 설정은 업계에서 처음인가?
5. 그 표적의 변화·변동은 어떠한가?
6. 그 표적에 접근하는 데 드는 비용은 어느 정도인가?
7. 그 표적 설정이 고객에게 돌아가는 이득이 있는 것인가?

POINT

기존 마케팅에서는 이렇게 까지 표적을 명확히 하지 않고 단지 대중시장을 노리는 것만으로 충분했다. 그러나 오늘날은 거의 모든 제품분야에서 표적을 어떤식으로 다루느냐에 따라 마케팅 전략의 성패가 갈라진다.

표적설정은 기업이 명확하게 표적을 설정했다고 자신감을 가져도 고객으로서는 전혀 그 의미를 이해하지 못한다거나 표적과 마케팅 믹스의 부조화가 신제품 도입에서 커다란 실패를 일으키는 일을 자주 보게 된다.

4. 시장기회

시장기회(Market Opportunity)란 기업이 성장하는 과정에서 계기가 되어지는 시장 속에 존재하는 경영의 기회를 말한다.

(1) 시장 기회의 발생과 발견

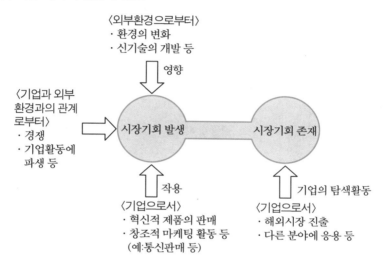

(2) 시장 기회와 시장 참여 · 철수

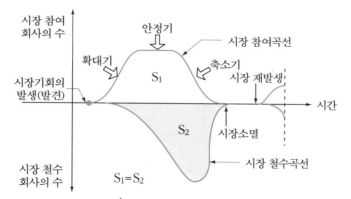

(3) 시장 기회의 특징

(4) 경영 투자기회의 선택의사 결정

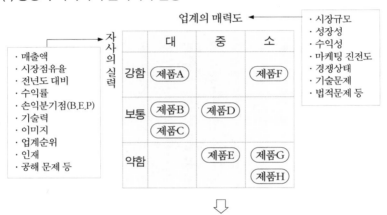

이 표로부터 어떤 제품에 보다 많이 투자를 하면 좋을 것인가를 결정한다.

＊자료 : General Electric Corp. Investment-opportunty Chart, "*Market-share-ROI corporate strategy Approach Can Be an Oversimplistic Sliare*", Marketing News, (Dec. 15. 1978), p.7을 수정

시장기회는 기업의 주위를 맴돌며 항상 존재하는 것이 아니라 환경의 변화나 발상의 전환에 의해 발견되는 것이다. 그리고 아무리 시장 기회를 발견하더라도 자사가 성장하는 데 원동력이 되지 못하면 아무런 의미가 없으며, 경영활동을 일으키게 하는 의사결정과 경영활동의 명확성이 중요하다.

5. 경쟁

표3-4 경쟁상의 위치에 따른 마케팅전략의 차이

선도기업	· 시장점유율 확대 유지 · 대중시장에서 선두 유지 · 종합력을 이용 · 신제품을 최초로 시장에 내놓음 · 지명도, 이미지 차이의 이용
도전기업	· 시장세분화 · 선도기업과의 차이를 강조 · 선도기업의 전략을 보고 전략을 입안 · 지금설정영역 (Money Marking Area)을 만듦
기타기업	· 전문화 · 주문생산 · 연구개발비(R&D비)가 들지 않음 · 제휴 · 저가격 · 대기업의 계열화 편입
약체기업	· 극히 한정된 시장의 발견 · 손으로 정성껏 만든 제품 판매 · 개성이 강한 기호제품의 개발 · 한정생산

(1) 가격 경쟁과 비가격 경쟁

〈가격 경쟁〉
· 보다 저렴한 가격으로 판매할 수 있는 기업이 승리함.
· 가격경쟁에 끝까지 대응할 수 있는 자본력이 큰 기업이 승리함.
· 고객과 영업사원이 좋아하는 경쟁.

〈비가격 경쟁〉
· 마케팅 노하우(Know-How)가 있는 기업이 승리함.
· 무엇으로 승패가 결정되었는가를 분석하기 힘든 단점이 있음.
· 조직 내의 위치가 상승하면 할수록 좋아지는 경쟁

표3-5 경쟁회사 수에 따른 경쟁 패턴

경쟁회사 수	특징
독 점	· 무의미한 가격인상의 위험성이 있음.
과 점	· 카르텔화의 위험성이 있음. · 게임이론적인 전략의 전개를 볼 수 있음.
일정다수	· 카르텔화의 위험성이 약간 있음. · 업계 내의 활동이 활발함.
증 가	· 가격 경쟁에 빠지기 쉬움. · 업계의 통일기준 마련이 활발하게 됨.
감 소	· 가격 경쟁이 치열함 · 업계 전체의 PR활동이 활발해짐.
변 동	· 업계 협조 활동이 줄어듬. · 가격 경쟁이 치열함.

(2) 경쟁의 특성 타입

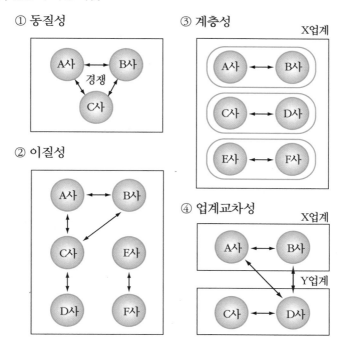

① 동질성

② 이질성

③ 계층성

④ 업계교차성

49

사 과 해 독 설

다른 사람이 연구 개발하여 판매하는 제품의 판매상태를 눈여겨 보고 있다가 '이 제품 가능성이 있다' 는 생각이 들자마자 즉시 여기에 뛰어들어 타사 이상으로 시장 점유율을 획득한다는 전략이다. 다시 말해서 타사로 하여금 사과를 먹게 하여 독이 없다고 판단될 때에 비로소 사과를 먹기 시작한다는 전략.

＊이 전략에 성공하기 위한 조건
① 반드시 2번 타자로 참여할 것. 만일 늦어지면 사과를 먹지 못함.
② 선발기업의 제품보다 품질이 뛰어나야 할 것.
③ 적극적인 광고 등으로 단기간 내에 시장 점유율 1위가 되지 못하면 따라잡지 못함.
④ 제품의 시장성에 대한 평가 · 분석능력이 타사 이상으로 앞서고 있어야 함.
⑤ 부끄러운 전략이라고 생각하지 말 것. 이것은 훌륭한 마케팅 전략임.

6. 시장 점유율

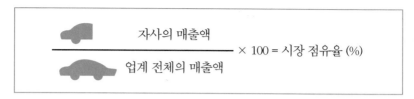

$$\frac{\text{자사의 매출액}}{\text{업계 전체의 매출액}} \times 100 = \text{시장 점유율 (\%)}$$

(1) 시장 점유율의 차이에 따른 시장의 명칭

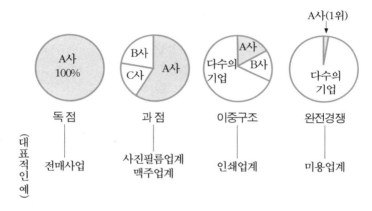

(2) 시장 점유율의 변동

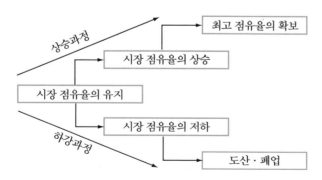

경험법칙 1

선도기업이 안심할 수 있는 시장 점유율이란
(1) 60% 이상의 점유율을 지닐 때
(2) 선도기업의 점유율이 30% 이상으로 도전기업의 점유율이
    선도기업의 1/2 이하일 때

경험법칙 2

시장 점유율이 상승하게 되면 보통의 경우
(1) 지명도가 상승하여 상품판매가 용이해짐.
(2) 가속도적으로 타사와의 격차가 벌어짐.
    (1% 상승은 타사의 1% 하락을 의미, 격차는 2%가 됨)
(3) 비용절감에 연계됨.
(4) 이익이 상승함.
(5) 가격유지가 용이하게 됨.
(6) 은행으로부터 융자조건이 좋아짐.
(7) 사회적 지위가 향상됨.
(8) 종업원의 사기가 올라감.
(9) 우수한 사원을 채용하기가 쉬워짐.
(10) 물품 구매에 대한 거래조건이 좋아짐.
(11) 거래처에 대한 발언권이 강화됨.
(12) 유통정책이 용이하게 됨.
(13) 사장의 발언권이 업계에서 크게 강화됨.

경험법칙 3

한 회사의 시장점유율이 60%를 넘어설 때
(1) 전략에 있어서 큰 실패를 범하지 않는 한 점유율은 저하되지 않음.
(2) 광고에 그다지 힘을 쏟지 않더라도 팔려나감.

(3) 전혀 새로운 신제품이 출현하지 않는 한 점유율은 저하되지 않음
(4) 타사들은 아무리 노력하더라도 현재의 점유율 유지에 급급하게 됨.

경험법칙 4

선도기업의 시장 점유율이 전국적으로 10% 미만일 경우는 완전경쟁에 가까운 상태라고 하겠다. 그런 까닭으로 신규 참여회사도 많고 탈락되는 회사도 많다. 그리고 대체적으로 업계의 결속력이 약할 뿐만 아니라 종업원들도 수동적인 편임.

7. 수요예측

수요예측이란 기업이 제품이나 서비스가 속해 있는 시장 전체의 판매 금액 또는 판매수량을 추정하는 것이다.

(1) 수요예측

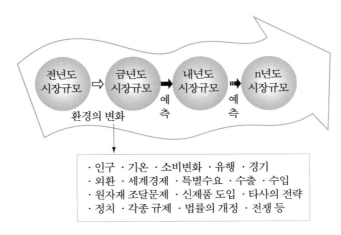

(2) 예측방법 (시간적 공간에서)

(1) 과거로부터의 예측   과거 ──▶ 예측

(2) 미래로부터의 예측   예측 ◀── 미래

(3) 직감에 의한 예측   예측

(3) 예측방법 (예측과정으로부터)

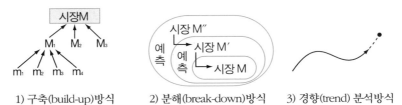

1) 구축(build-up)방식   2) 분해(break-down)방식   3) 경향(trend) 분석방식

(4) 예측방법 (오차를 고려함)

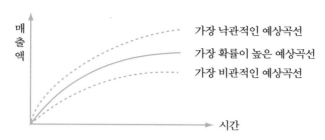

(5) 경향분석의 종류

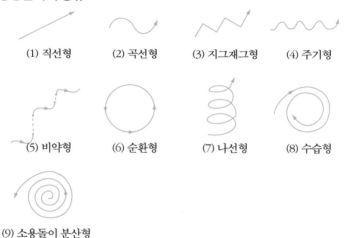

(1) 직선형　　(2) 곡선형　　(3) 지그재그형　　(4) 주기형

(5) 비약형　　(6) 순환형　　(7) 나선형　　(8) 수습형

(9) 소용돌이 분산형

POINT

수요예측은 경영분석의 첫 과정이고, 마케팅 전략수립의 기초가 된다. 그러므로 정확한 예측을 하지 않으면 안된다. 통상적으로 수요예측은 직감과 경험에 의존하는 경향이 많은데 어디까지나 과학적인 시장분석을 바탕으로 해야 한다. 아무튼 고객의 기호는 10인 10색 이상으로 각양 각색이다. 그러므로 정확한 수요예측은 마케팅 발상의 토대요, 정답이라고 할 수 있다.

8. 판매예측

판매예측이란 기업이 자사 제품이나 서비스의 매출금액 또는 매출 수량을 추정하는 것이다.

(1) 제품 A의 판매예측

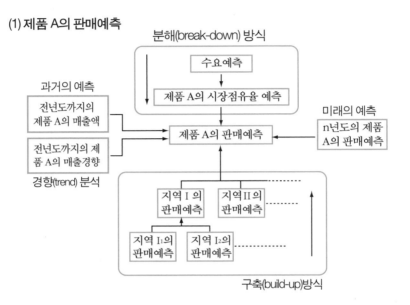

(2) 판매예측과 영업 목표

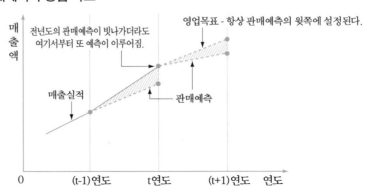

(3) 신제품의 판매예측

```
            ┌─────────────────────┐
            │      판매예측        │
            └─────────────────────┘
                    ▲    ▲
```

〈기업 내적 요인〉

• 가격
• 재고량 · 유통재고량 · 납품량
• 제품 손실률
• 반품률
• 촉진비용
• 캠페인의 내용
• 이용하는 경로 · 루트의 수
• 판매예상지역에서의 자사의
  기존제품 점유율
• 마케팅 조사의 결과
• 자사의 기존제품에의 영향
• 마케팅테스트의 결과
• 제품의 독창성
• 고객의 제품 이해도
• 영업사원의 트레이닝 상황

〈기업 외적 요인〉

• 경쟁제품의 판매경향
• 매스컴의 반응
• 경쟁회사의 반응
• 업계의 반응
• 대규모 소매상에서의 납품수와
  점포진열 예정수
• 대규모 소매상에서의 선반위치
• 소매상과의 제휴캠페인 내용
• 리베이트
• 도매상의 마진
• 도매상 · 소매상에의 지도상황
• 타사에 의한 유사제품의 판매
  가능성과 그 시기

POINT

판매예측은 생산계획 · 영업계획 · 물류계획 등 수많은 경영활동에
직접 관계되는 예측으로서 세밀하고 정확한 예측이 요구된다.
판매예측은 고객활동의 움직임뿐만 아니라 경쟁기업의 전략을 예측
할 필요가 있기 때문에 일반적으로 단기간 예측을 차례로 실시하여
그 때마다 장기예측을 수정해 가는 접근방식이 이용되고 있다.

제4장 전략과 정보

1. 전략이란

전략이란 기업 전체에 관계되는 목표를 달성하기 위해 어떻게 경영활동을
해 나갈 것인가를 기업 제자원의 최적 배분을 행하면서 결정하는 것이다.

(1) 전략의 결정 과정

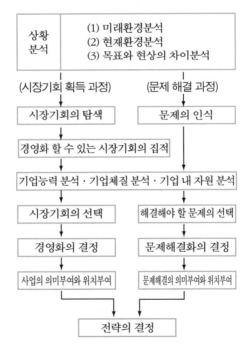

(2) 업무계층 (전략의 분해)

(3) 기업에서의 업무의 위치부여

표4-1 전략의 종류

1) 시장 접근방식에 의한 분류
  ① 창조형 전략 : 시장을 창조함.
  ② 적응형 전략 : 시장에 적응함.
  ③ 휴리스틱형 전략 : 상황에 따라 전략을 구사함.
  ④ 철수형 전략 : 시장에서 철수함.

2) 목표설정에 의한 분류
  ① 갭 축소 (Gap Reducing)형 전략 : 목표와의 갭을 축소시킴.
  ② 비공식 (Adhoc)형 전략 : 상황에 따라 목표를 설정함.

3) 경쟁사와의 관계에 의한 분류
  ① 모방형 전략 : 타사의 전략을 모방함.
  ② 제압형 전략 : 경쟁사를 제압함

③ 협조형 전략 : 경쟁사와 협의함.
④ 차별화 전략 : 경쟁사와의 차이를 강조함

(4) 전략의 발생계기와 형성과정

발생계기 -	정 보	발 상	협 의
형성과정 -	톱 · 다운(Top down)	보텀 · 업(bottom up)	프로젝트팀

POINT

학문으로서의 마케팅은 해를 거듭할수록 전략적인 색채를 더해가고 있으며, 기업에서의 마케팅도 역시 전략적으로 변모해 가고 있다. 이러한 전략은 전사적으로 대규모화 되었고, 장단기 전략을 동시 진행으로 잘 활용하는 전략 노하우의 차이가 기업 격차의 요인이 되고 있다.

2. 차별적 유리성

차별적 유리성(Differential Advantage)이란 마케팅 활동에 적극적으로 이용하기 위한 타사 또는 타사의 제품이나 서비스에 대한 상대적인 장점을 뜻한다.

(1) 차별적 유리성

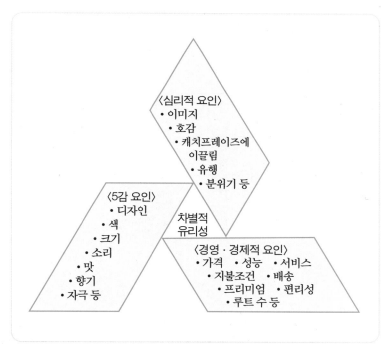

*자료 : 차별적 유리성의 개념은 W. Alderson, *Dynamic Marketing Bebaavior*, Irwin, 1965, chap. 8 참조

(2) 차별화의 위치부여

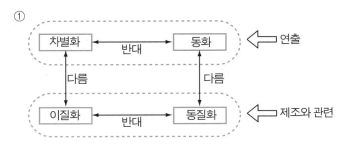

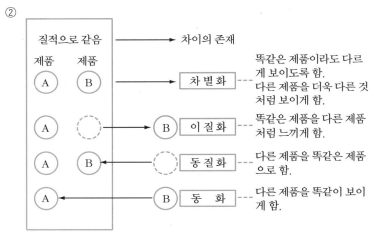

똑같은 제품이라도 다르게 보이도록 함.
다른 제품을 더욱 다른 것처럼 보이게 함.

똑같은 제품을 다른 제품처럼 느끼게 함.

다른 제품을 똑같은 제품으로 함.

다른 제품을 똑같이 보이게 함.

여러 종류의 다양한 제품이 시장에 범람할수록 각 사의 마케팅 경쟁은 더욱 치열해져서 결국 동질적인 경쟁을 피할 수 없게 되었는데 고객이 갖는 제품의 이미지는 모호하게 되어 마케팅 전략의 효율은 매우 악화된다. 그러므로 경쟁사와 전혀 다른 이미지를 만들어 내거나 색다른 기업활동을 실시하여 타사와의 차이를 명확하게 하고자 하는 것이 차별화 활동이고, 그것이 자사에 있어서 유리하게 작용토록 하는 것이 차별적 유리성이다. 아무튼 기업이 고객에게 매력있게 받아들여지는 것이 차별적 유리성이다.

3. 계획

계획(Planning)이란 장래에 예정하고 있는 활동을 현실적으로 실시할 수 있도록 현재의 시점에서 그 행동을 시스템화 하고 스케줄화 하는 것이다.

(1) 광의의 계획과 협의의 계획

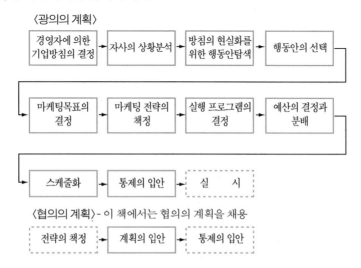

(2) 마케팅의 계획 (기본형)

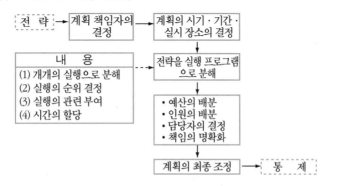

(3) 계획의 기본적 구성요소

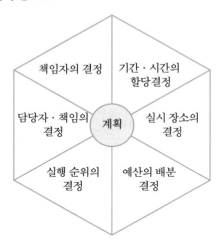

(4) 계획의 계층

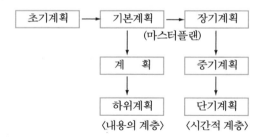

계획은 현시점에서 미래를 통제하려고 하는 동기에서 비롯된 것인데, 현대의 기업처럼 기업규모가 확대되고 매우 복잡하게 되면 계획은 미래뿐만 아니라 현재의 활동도 통제하지 않으면 안되게 되었다. 계획의 좋고 나쁨이 기업활동의 성과를 대부분 결정하게 되었고, 계획 능력의 차이는 기업간의 격차에 이어지고 있다.

4. 통제

통제(Control)란 전략의 실시가 원활하게 행해지도록 미리 프로그램화 해
둔 수정활동, 또는 전략의 실시 중에 행해지는 수정활동을 말한다.

(1) 통제의 기본형

① 달성통제

② 이상통제

③ 궤도수정 통제

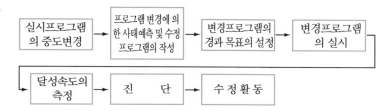

(2) 사전 통제와 경과 통제

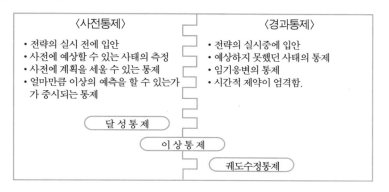

65

(3) 사전통제와 경과통제의 내용

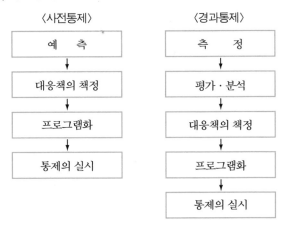

〈사전통제〉

예 측
대응책의 책정
프로그램화
통제의 실시

〈경과통제〉

측 정
평가 · 분석
대응책의 책정
프로그램화
통제의 실시

(4) 통제에 있어서 필요한 능력

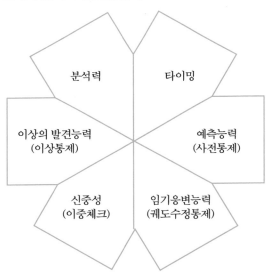

분석력

타이밍

이상의 발견능력
(이상통제)

예측능력
(사전통제)

신중성
(이중체크)

임기응변능력
(궤도수정통제)

5. 분석

분석(Analysis)이란 대상이 되는 행동이나 사물의 성과 내용을 해석한다는
것으로서 마케팅 관리에 있어서의 분석이란 마케팅 활동의 성과와 내용을
해석한다는 뜻이다.
또한 마케팅 정보시스템이나 마케팅 조사에 있어서의 분석이란 조사대상
의 내용을 해석한다는 뜻이다.

(1) 분석의 기능 분해

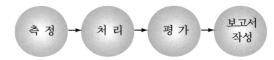

(2) 제품분석의 예

	〈금액 분석〉	〈제품 분석〉
	• 매출액 분석 • 손익 분석 • 재고 분석 • 제품손실 분석 • 제품회전율 분석 • 교차비교 분석 • 제품별 손익분기점 분석 등 ※각자 산출해본다.	• 베스트셀러 분석 • 일반판매 분석 • 등급 분석 • 색상 분석 • 사이즈 분석 • 스타일 분석 • 반품 분석 • 과잉재고 분석 • 매출경향 분석 • ABC 분석 등
지역별		
영업소별		
영업사원별		
경로별		
도매상별		
소매상별		

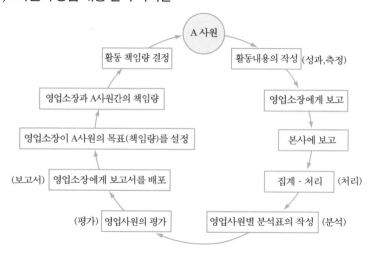

표4-2 마케팅 관리에 있어서의 분석

① 결과의 측정
② 목표와 결과의 차이분석 → 왜 매출액이 목표를 앞질렀는가?
③ 실시한 전략과 마케팅관리 자체의 내용분석
　　→ 목표는 과연 합리적이었는가? 당사자는 과연 적임자였는가?
④ 결과보고 → 보고서 작성
⑤ 다음 실시 때에 필요한 피드백 정보의 제출 → 반성점을 다음기회에 감안함.

* ④와 ⑤는 마케팅정보시스템에 있어서 분석과 분리하여 다루어지는 것이 보통임.

(3) A사원의 영업 내용 분석 사이클

A 사원

| 활동 책임량 결정 | 활동내용의 작성 (성과,측정) |

영업소장과 A사원간의 책임량

영업소장에게 보고

영업소장이 A사원의 목표(책임량)를 설정

본사에 보고

(보고서) 영업소장에게 보고서를 배포

집계 · 처리 (처리)

(평가) 영업사원의 평가

영업사원별 분석표의 작성 (분석)

POINT

분석이라 함은 경영활동에서는 이면적인 업무로서 전략의 입안, 실시 등 화려한 활동과는 정반대의 일이다. 그러나 중요성으로 말한다면 측량할 수 없을 정도인데, 분석능력을 잃게 되면 의사결정자이건 기업이건 올바른 판단을 할 수가 없게 된다. 그런데 오늘날 기업에 있어서 분석능력의 향상 노력을 게을리하는 경우가 많아 커다란 문제를 낳고 있다.

6. 마케팅 정보시스템

(1) 마케팅 정보시스템의 위치 부여

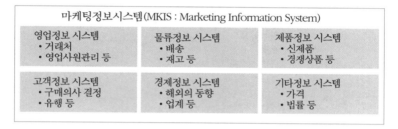

경영정보시스템(MIS : Management Information System)

마케팅정보 시스템	회계정보 시스템	인사정보 시스템	생산·기술 정보시스템	원재료 조달 정보시스템

(2) 마케팅 정보시스템의 하위 시스템

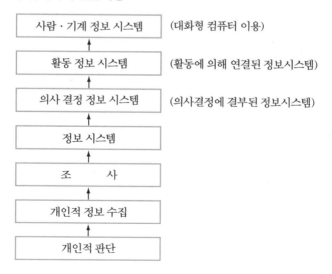

마케팅정보시스템(MKIS : Marketing Information System)

영업정보 시스템 • 거래처 • 영업사원관리 등	물류정보 시스템 • 배송 • 재고 등	제품정보 시스템 • 신제품 • 경쟁상품 등
고객정보 시스템 • 구매의사 결정 • 유행 등	경제정보 시스템 • 해외의 동향 • 업계 등	기타정보 시스템 • 가격 • 법률 등

(3) 정보수집처리의 발전과정

사람·기계 정보 시스템	(대화형 컴퓨터 이용)

↑

활동 정보 시스템	(활동에 의해 연결된 정보시스템)

↑

의사 결정 정보 시스템	(의사결정에 결부된 정보시스템)

↑

정보 시스템

↑

조　　　　사

↑

개인적 정보 수집

↑

개인적 판단

표4-3 정보와 자료의 차이

- 정보(Information) : 이용하는 사람에게 이해하기 쉽도록 분석 처리한 것.
- 자료(Data) : 분석 처리하지 않은 상태의 것.

(4) 마케팅 정보시스템

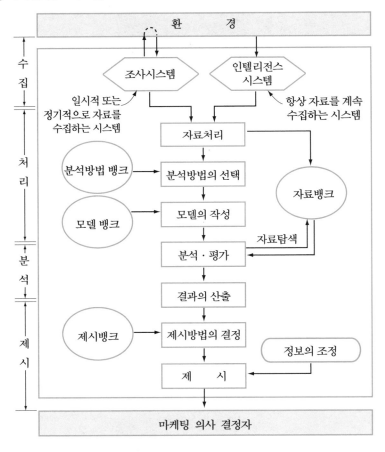

마케팅 정보시스템의 중요성 인식은 일반화된 일이며, 각 기업들이 앞을 다투어 도입하고 있으나 성공한 예는 극히 적다. 예를 든다면
"의사결정자가 요구하는 정보를 수집하지 못한다"
"정보시스템부문의 고립화"
"정보시스템이 비일상적인 문제에 대하여 기능을 미치지 못한다"
"정보시스템 담당자가 컴퓨터 게임을 하는 경우가 많다"
"필요한 정보가 산출되지 않고 어딘가에 묻혀 있다"
"정보시스템 담당자의 시야가 좁고 폐쇄화 되는 실정이다"
라는 등의 불합리성이 있다.

7. 마케팅 조사

(1) 마케팅관리에 있어서의 마케팅 조사

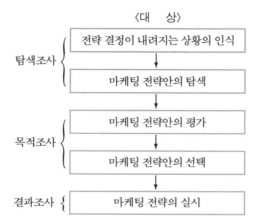

<대　　상>

탐색조사 { 전략 결정이 내려지는 상황의 인식

마케팅 전략안의 탐색 }

목적조사 { 마케팅 전략안의 평가

마케팅 전략안의 선택 }

결과조사 { 마케팅 전략의 실시 }

표4-4 마케팅 조사의 종류

	특　　징	대표적인 예
관 찰 조 사	인적 접촉이 없는 조사	• 경쟁사 조사 • 소매상의 매장조사 • 통행량 조사 • 가격조사 • 신제품 동향조사 등
서베이조사	인적 접촉에 의한 조사	• 설문 조사 • 패널 조사 • 개인 면담 조사 등
실 험 조 사	제품이나 서비스를 사용한 조사	• 시장 테스트 • 제품반응 테스트 등

(2) 조사 실시 결정

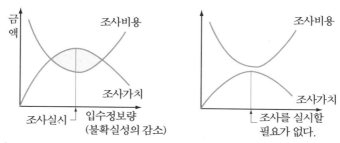

*자료 : M.P.Brown et al., *Problems in Marketing*, 4th ed., McGraw - Hill, 1968, p.416을 수정

표4-5 마케팅조사와 마케팅 인텔리전스 시스템의 차이

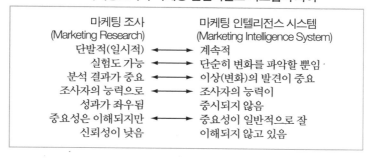

마케팅 조사 (Marketing Research)		마케팅 인텔리전스 시스템 (Marketing Intelligence System)
단발적(일시적)	←→	계속적
실험도 가능	←→	단순히 변화를 파악할 뿐임
분석 결과가 중요	←→	이상(변화)의 발견이 중요
조사자의 능력으로 성과가 좌우됨	←→	조사자의 능력이 중시되지 않음
중요성은 이해되지만 신뢰성이 낮음	←→	중요성이 일반적으로 잘 이해되지 않고 있음

POINT

일반적으로 말하기를 "질문항목에 대한 기재사항만 메우게 되면 80%는 완성된거나 다름이 없다"라고 하는데 어느 정도 수긍이 가는 말이라고 하겠다. 조사를 실시할 경우 미리 예상되는 답변을 추측하고 있지만 그 답변을 확인하는 데 의의를 지니고 있다고 하겠다. 어떤 이는 조사는 의사결정자에게 도움을 주는 자라고까지 말한다. 설령 조사가 없더라도 상관 없지만 없으면 불안하다는 심리를 갖게 된다. 그러나 가끔 예상치도 못했던 해답이 되돌아오기도 하는데, 아마도 그것이 조사의 매력인지도 모른다.

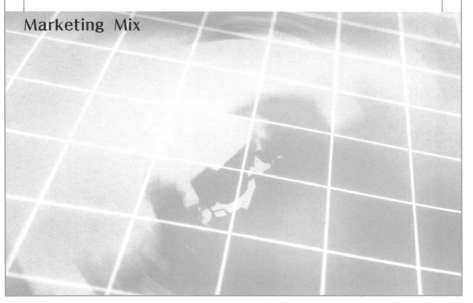

제2부
마케팅 믹스

Marketing Mix

MARKETING
BRAIN
PUZZLE

제5장 마케팅 믹스

(1) 마케팅 믹스(Marketing Mix)의 기본요소

마케팅 믹스(Marketing Mix)란 마케팅의 모든 요소를 통합하여 그 효과를 최대한으로 발휘하는 것을 말한다.

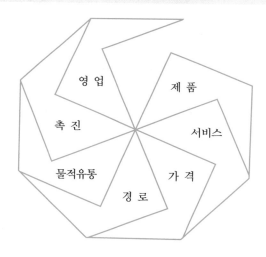

(2) 마케팅 믹스 전략의 형성과정

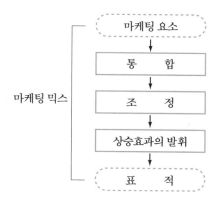

표5-1 마케팅 믹스와 유사한 발상법

마케팅 요소	→	마케팅 믹스
구 성	→	시스템
개 별	→	통합 (Total)
단순판매	→	조정판매 (Coordinate)
단일사업	→	컨글로메리트 (Conglomerate)

(3) 마케팅 믹스의 계층성

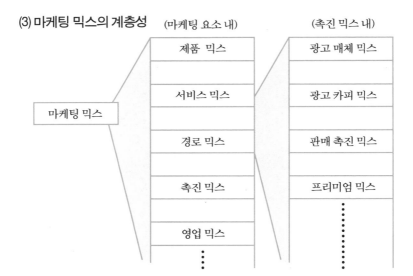

(마케팅 요소 내)

마케팅 믹스

- 제품 믹스
- 서비스 믹스
- 경로 믹스
- 촉진 믹스
- 영업 믹스

(촉진 믹스 내)

- 광고 매체 믹스
- 광고 카피 믹스
- 판매 촉진 믹스
- 프리미엄 믹스

POINT

마케팅 믹스의 최대 포인트는 각각의 요소를 잘 혼합(Mix)함으로써 상승 효과를 얻고자 하는 것과 이것을 하나의 전략으로 생각하는 것이다. 마케팅 믹스는 전략적 측면과 시스템적 측면을 아울러 지니고 있는 마케팅의 특징을 나타내는 대표적 개념이다. 고객은 만만치 않은 존재요, 만족시키기가 어려운 존재이므로 마케팅 요소들의 제대로 된 혼합(Mix)이야 말로 마케팅의 묘미라고 할 수 있다.

제6장 제품전략

1. 제품

(1) 고객에게 적합한 제품이란

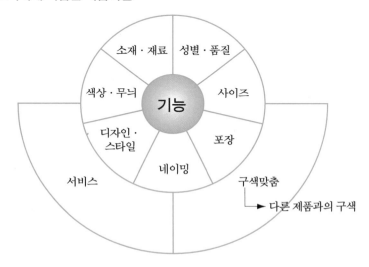

(2) 제품 전략이란

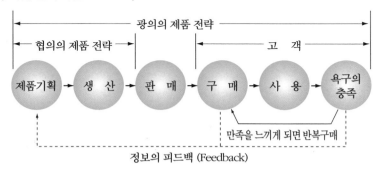

표6-1 제품(상품)의 분류

기 준	분 류
제품타입별 입수가능성 고객의 구매빈도 유행성 생 산 브랜드의 지명도	일반상품 ↔ 희소상품 일상적 상품 ↔ 비일상적 상품 섬유상품 ↔ 패션상품 개별브랜드상품 ↔ 메이커 상품 무명브랜드 상품 ↔ 전국 브랜드 상품
가격별 할 인 바 겐	할인상품 ↔ 정가상품 바겐상품 ↔ 본래(바겐이 아닌)상품
판매방법별 다른 상품과의 관련 상품정책상의 중요도 판매 후의 상품 계속	단일상품 ↔ 코디네이트상품 (시스템 상품) 일반상품 ↔ 핵심상품 단발상품 ↔ 계속상품

표6-2 제품의 시장과 전략의 관계

시 장 ＼ 제 품	기존제품	신 제 품
기 존 시 장	시장침투전략	신제품개발전략
신 시 장	시장개척전략	다 각 화 전 략

＊자료 : H.I.Ansoff, Corparate Strategy, Mograw-Hi11, 1965. 9. 109.

원래 제품은 공학분야에서의 연구가 중심이 되어 왔으나, 고객을 만족시키는 제품을 만들지 않으면 안된다는 마케팅 발상에 의해 제품 기획에서 제품 개념의 재검토에 이르기까지를 마케팅 분야가 담당하게 되어 많은 연구 결과가 나오게 되었다.

2. 신제품 도입

(1) 신제품 도입과정

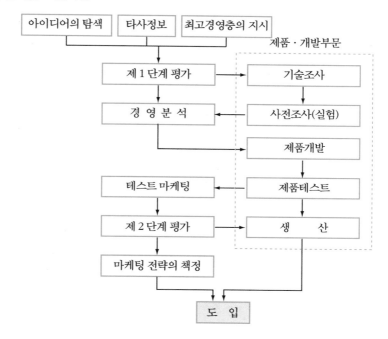

(2) 신제품 아이디어의 심사과정

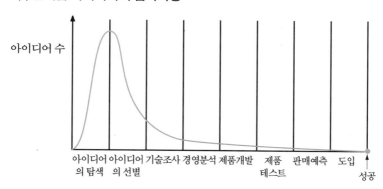

(3) 왜 신제품을 도입하는 것일까?

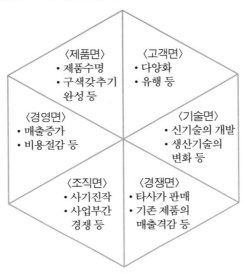

〈제품면〉
• 제품수명
• 구색갖추기
　완성 등

〈고객면〉
• 다양화
• 유행 등

〈경영면〉
• 매출증가
• 비용절감 등

〈기술면〉
• 신기술의 개발
• 생산기술의
　변화 등

〈조직면〉
• 사기진작
• 사업부간
　경쟁 등

〈경쟁면〉
• 타사가 판매
• 기존 제품의
　매출격감 등

표6-3 신제품 도입전략이 실패하는 이유 (대표적인 예)

• 제품 자체	• 영업사원 교육	• 경기
• 마케팅전략	• 경영층의 지원	• 예산
• 신제품 도입지역	• 조직 내의 불화	• 타이밍
• 경쟁기업의 반응	• 고객의 구매행동의 변화	• 기후
• 도매 · 소매의 백업	• 자사 기존 제품과의 관계 등	

POINT

현대사회는 신제품의 계속적인 출현을 요구하고 있다. 따라서 신제품의 개발여부는 기업발전을 크게 좌우하는 것이므로 매우 큰 관심사가 아닐 수 없다.
마케팅 조사도 신제품 개발에 앞서 집중적으로 실시되며, 촉진비용도 엄청나게 들어간다. 그러나 성공확률은 극히 낮으며 더욱이 기업 능력의 차이에 의하여 확률은 현저하게 달라진다.

3. 테스트 마케팅

테스트 마케팅이란 신제품의 본격적인 도입에 앞서 제품만이 아니라 마케팅 전략의 검토도 겸하여 실험적으로 판매하는 것을 말한다.

(1) 테스트 마케팅의 목적

표6-4 테스트 마케팅 성공을 위한 포인트

테스트 지역의 선정	결과의 분석과 예측
(1) 인구수 (2) 독립상권도시(지역) (3) 지역의 구매활동이 전국 평균에 가까움. (4) 자사의 시장점유율이 전국 평균 수준에 가까움. (5) 경쟁상대가 전국 평균적임 등	(1) 결과의 분석을 어떻게 본격적으로 도입시의 지표로 할 것인가 (2) 테스트 지역의 위치 부여 문제 (3) 전국 각 지역의 특징 이해 (테스트 지역의 매출액의 배수가 전국의 매출액은 아님) 등

(2) 테스트 마케팅의 진행과정

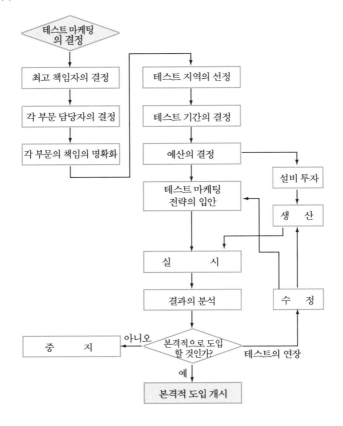

POINT

신제품의 판매예측은 빗나가는 일이 많고, 직접 판매해 보지 않으면 알 수가 없다. 그러나 제품을 만들어 놓은 다음 실패를 했을 경우 사업적 손실은 이루 말할수 없을 정도로 크며, 부작용도 엄청나다. 그래서 이와 같은 위험을 피하려고 시도하는 것이 테스트 마케팅인 것이다.
테스트 마케팅을 실시하여 최종적인 체크를 행하여 성공의 확률을 높이려고 한다. 그러나 테스트 마케팅으로 성공했다고 하더라도 전국판매에 실패하는 경우도 있으므로 테스트 마케팅의 분석 평가가 핵심 포인트가 된다.

4. 제품 믹스

(1) 제품 믹스와 제품 라인

	제 품	제품라인의 길이 → 길음						
제 품 믹 스 의 폭	비 누	화이트	콜 론	올리브	레 몬			
	치 약	화이트	블 루	스트라이브	어린이용	흡연용	페퍼먼트	소금첨가
	샴 푸	크 림	오 일	토 닉				
	린 스	크 림	오 일					

(2) 제품 믹스 전략의 기본형

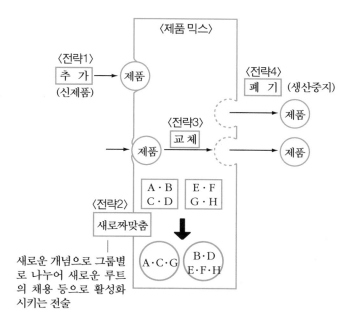

〈제품 믹스〉

〈전략1〉
추 가 → 제품
(신제품)

〈전략4〉
폐 기 (생산중지)
→ 제품

〈전략3〉
교 체
→ 제품

〈전략2〉
새로짜맞춤

A · B
C · D

E · F
G · H

A · C · G

B · D
E · F · H

새로운 개념으로 그룹별
로 나누어 새로운 루트
의 채용 등으로 활성화
시키는 전술

(3) 제품 개념과 제품 믹스 전략

제품 믹스 전략 대체안	〈제품 개념의 예〉	〈제품 믹스의 예〉
	더러운 것을 씻어내는 것	비누, 치약, 샴푸, 린스, 합성세제, 주방용 세제, 왁스, 욕실용 세제, 크리너 등
	사람을 아름답게 하는 것	비누, 치약, 샴푸, 린스, 향수, 화장품, 건강식품, 패션, 의류 등
	화장실 제품	비누, 치약, 샴푸, 린스, 칫솔, 방향제, 수건, 휴지, 매트 등

(4) 생산 중지(Dropping)의 이유

1. 매출이 떨어지기 시작했으므로
2. 신제품으로 대체하기 위하여
3. 생산비용이 상승
4. 채산성이 없음.
5. 제품별 손익계산이 적자
6. 기업 이미지에 맞지 않음.
7. 대체상품이 판매되기 시작함.
8. 고객 운동에 의하여
9. 경쟁이 격화됨.
10. 인재 부족 등

중 지

POINT

현재와 같이 환경 변화가 극심한 시대에는 제품 믹스를 확대하는 것이 위험을 회피하는 측면에서 매우 중요한 일이다. 그렇다고 해서 지나치게 제품 믹스를 확대하게 되면 제품 믹스에 소요되는 부담이 커지게 되며, 따라서 이익을 압박하게 된다. 그러므로 대기업이 되면 될수록 제품 믹스에 의한 의사결정이 중요해 지는 것이다.

5. 라이프 사이클

(1) 제품의 라이프 사이클

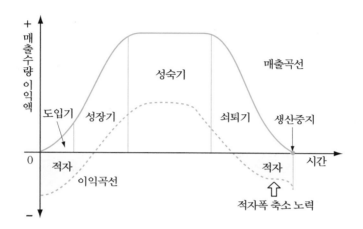

(2) 제품 라이프 사이클의 유형

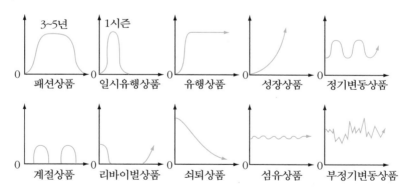

(3) 제품의 라이프 사이클과 상황이론

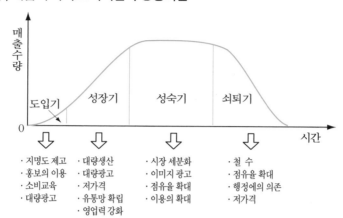

도입기	성장기	성숙기	쇠퇴기
· 지명도 제고	· 대량생산	· 시장 세분화	· 철 수
· 홍보의 이용	· 대량광고	· 이미지 광고	· 점유율 확대
· 소비교육	· 저가격	· 점유율 확대	· 행정에의 의존
· 대량광고	· 유통망 확립	· 이용의 확대	· 저가격
	· 영업력 강화		

(4) 햄버거의 라이프 사이클 전략

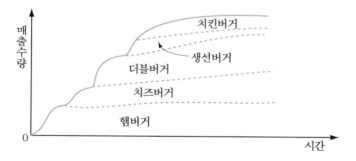

(5) 제품 라이프 사이클의 단축화 경향 (히트곡 레코드 매출곡선)

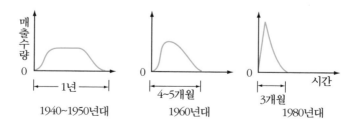

POINT

제품이나 서비스의 대부분이 수명을 지니고 있는데 이와 같은 제품의 수명이 단축되고 있다. 기업이 성장을 계속해 나가기 위해서는 무엇인가 대응책을 강구하지 않으면 안 된다. 그 한 가지는 신제품의 도입이고, 다른 하나는 기존 제품의 신용도 개척이다. 최근에는 이 두 가지를 믹스 시킨 모델 체인지 전략(계획적 진부화 전략)을 채용하는 기업이 많아지고 있다.

6. 브랜드

(1) 브랜드 (Brand, 상표)란

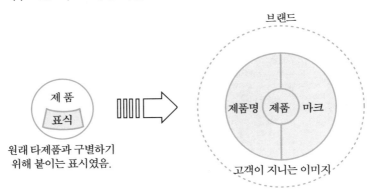

표6-5 브랜드 전략(브랜드와 고객)

충성도 강화 전략	자사에 대한 충성도가 높은 고객의 충성도를 더욱 높여 주는 전략
브랜드 스위칭 전략	타사에 대한 충성도가 높은 고객에게 자사의 브랜드를 구매 시키게 하는 전략
브랜드 고정화 전략	브랜드 이탈 고객을 자사 브랜드로 고정 고객화 시키는 전략
브랜드 호의화 전략	자사 브랜드에 혐오감을 느끼고 있는 고객을 자사 브랜드에 호의를 갖도록 하는 전략

(2) 메이커의 브랜드 전개 전략

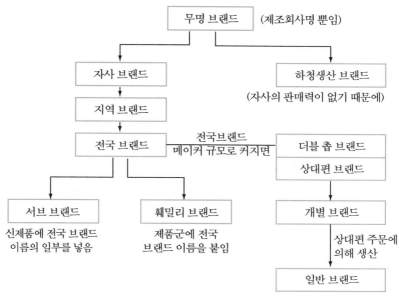

표6-6 메이커에 있어서의 유명 브랜드의 장점

1. 라이벌 경쟁과의 차별화가 가능
2. 유명브랜드가 될수록 이익률이 상승
3. 각 방면의 통제가 가능
4. 가격 하락이 적음
5. 영업을 할 때 상품 설명이 불필요함
6. 푸쉬 마케팅을 할 필요가 없음.
7. 다음 신제품이 성공할 가능성이 높아짐.

POINT

브랜드란 본래 다른 제품과 구별하기 위한 표식역할을 해왔는데, 그것이 상표가 된 것이다. 그리고 브랜드는 신용의 상징이 되어 나중에는 권위까지 갖게 되었으며 큰 위력을 발휘하게 되었다. 지명도 높은 일류 브랜드가 되면 아무런 판촉활동을 하지 않더라도 인기가 높아져 기업측의 마케팅을 그대로 인정해 주는 상태가 된다. 그러므로 기업은 브랜드를 보다 유명하게, 보다 폭넓게 고객으로부터 사랑받도록 노력을 계속하는 것이다. 그러므로 일류 브랜드로 육성시키는 것이 기업목표라고 할 수 있다.

7. 세계적 브랜드

(영국 인터브랜드사)

순위	브랜드명	가치(억$)	순위	브랜드명	가치(억달러)
1	코카콜라(미국)	673.94	8	노키아(핀란드)	240.41
2	MS(미국)	613.72	9	도요타(일본)	226.73
3	IBM(미국)	537.91	10	말보로(미국)	221.28
4	GE(미국)	441.11	19	포드(미국)	144.75
5	인텔(미국)	334.99	20	소니(일본)	127.59
6	디즈니(미국)	271.13	21	삼성전자(한국)	125.53
7	맥도날드(미국)	250.01	22	펩시(미국)	120.66

＊자료 : 한국경제, 2004.7.

POINT

우수한 브랜드는 신앙심과 비슷한 감정을 만들어낸다. 고객은 마음에 드는 브랜드에 매료되면 계속 그 브랜드만 애용하게 된다. 이는 신앙심과 같은 속성이라고 할 수 있다.

8. 개별브랜드

(1) 개별브랜드(Private Brand)의 분류

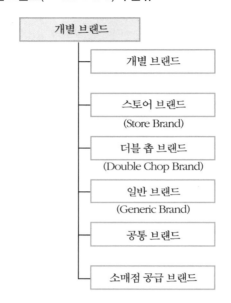

(2) 개별 브랜드의 위치 부여

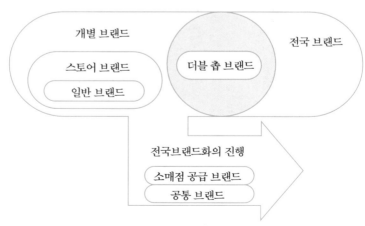

표6-7 왜 소매상의 개별 브랜드가 많아졌는가

1. 소매상측이 고객에 대한 정보를 많이 입수하기 때문에 질적이나 양적인 면에서 메이커보다 훨씬 유리함.
2. 대형 소매기업은 브랜드로 파는 것보다는 자사의 고객 흡수력을 이용하여 브랜드를 팔고 있기 때문에 대형 소매기업은 전국브랜드에 구애받지 않음.
3. 고객의 브랜드 이탈(특히, 전국 브랜드 이탈) 경향이 진행되고 있음.
4. 메이커의 브랜드 육성 비용보다도 대량판매 계약이 가능한 개별 브랜드쪽이 메이커에 있어서 장점이 많음.
5. 소매기업에 있어서 개별 브랜드의 이익률이 높기 때문임.
6. 다른 소매기업에 대한 차별화 전략이 되기 때문임.

표6-8 메이커가 개별 브랜드 생산을 할 것인가 안 할 것인가의 의사결정

개별 브랜드 생산의 장점
1. 계약량이 큼.
2. 광고비, 인건비, 리베이트 등의 비용이 대폭적으로 줄게 됨.
3. 생산비가 내려감.
4. 반품이 거의 없음(가끔씩 반품이 생길 정도).
5. 대형 소매 기업과 유대폭이 넓어짐.
6. 다른 메이커의 점유율을 잠식할 수가 있음.
7. 개별 브랜드 생산의 노하우가 축적되어 다른 기업의 개별브랜드 생산이 가능해짐.

개별 브랜드의 단점
1. 자사 제품이 그 점포에서 팔리지 않게 됨.
2. 고객에게 알려지면 이미지상의 문제가 생김
3. 소매상의 하청 꼴이 되어서 프라이드에 상처를 입음.
4. 다른 소매상이나 도매상에 알려지게 되면 반발이 생길지 모름.

개별 브랜드 생산의 요청을 거절했을 때의 불안
1. 라이벌 기업에 매출을 빼앗김.
2. 라이벌 기업의 생산비가 떨어짐.
3. 대형 소매기업과 자사의 관계가 악화됨.
4. 대형 소매기업으로부터 납품정지를 당할 가능성이 있음.
5. 개별 브랜드 생산액과 동일한 매출액을 확보할 수 있을 것인지의 불안

9. 패키징

(1) 패키징이란

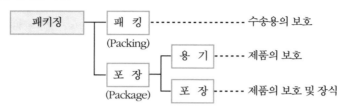

(2) 패키징의 기본 기능

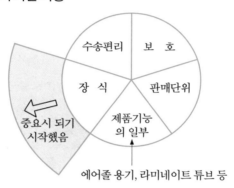

(2) 캔 맥주의 장점(유리병과 비교해서)

표6-9 포장이 특별한 기능수단으로 작용

기능수단	예
조리수단	• 레토르트 팩 • 전자레이지용 종이팩 식품(식탁접시가 됨) • 컵라면
광 고	• 쇼핑백
재생목적	• 도자기 속에 들어 있는 홍차 • 장식용 병 속에 들어 있는 위스키
오 락	• 새가 지저귀는 소리가 들림. • 장난감이 됨.
고객의 개성화	• 고객지향의 포장
디스플레이	• 소매점에서의 디스플레이 기능을 지닌 포장 (점포에서 다루기가 용이하도록)
속의 것이 보임	• 고기 담는 트레이 • 보온병 • 볼펜
판매촉진	• 쿠폰 이용 • 경품 제공
1회사용 분량	• 원포션밀크 • 청주의 1회용 컵 • 인스턴트 커피

POINT

패키징(Packaging)이라고 말하면 단순히 생산활동의 일과성이라고 생각할지 모르지만 실은 현대 마케팅에 있어서 매우 중요한 전략이라고 할 수 있다. 특히, 차별적 유리성의 추구에 이용되며, 한편 고객도 패키징의 좋고 나쁨에 따라서 제품구매 선택을 하게 된다.

제7장 가격전략

1. 가격

(1) 가격의 역할

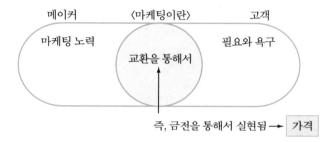

메이커 〈마케팅이란〉 고객

마케팅 노력 · 필요와 욕구

교환을 통해서

즉, 금전을 통해서 실현됨 → 가격

(2) 수요와 가격의 관계

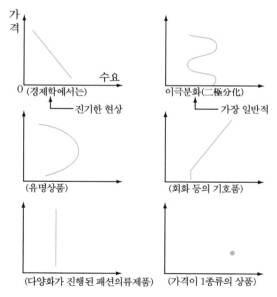

가
격

수요

0 (경제학에서는)
└─ 진기한 현상

이극분화(二極分化)
└─ 가장 일반적

(유명상품)

(회화 등의 기호품)

(다양화가 진행된 패션의류제품) (가격이 1종류의 상품)

(3) 가격의 역할과 장기저하경향

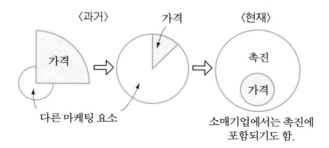

〈과거〉   가격   〈현재〉

가격

다른 마케팅 요소

촉진

가격

소매기업에서는 촉진에
포함되기도 함.

(4) 고객의 가격평가와 구매행동

개인별 가격평가 수준		
비싸다는 생각이 들었지만 구입함.	• 명성형 구매 • 호화주의형 구매 • 납득형 구매 (A)
보통이라고 생각하면서 구입함.	• 표준형 구매 • 납득형 구매 (B)
값이 싸다고 생각하면서 구입함.	• 바겐세일형 구매 • 납득형 구매 (C)
무 관 심	• 가격 무관심형 구매 (항상) • 변덕형 구매

고객은 그때마다 다양한 패턴을 나타냄

POINT

판매활동은 항상 가격을 통하여 교환(제품과 돈, 제품과 제품…이런 경우에도 가격으로 환산)되기 때문에 가격문제는 마케팅에 있어서 중요한 위치를 차지하고 있다. 그런데 마케팅의 측면에서는 비가격경쟁에 힘을 쏟기가 쉽다. 특히, 소매상에서는 가격을 판매 촉진의 일종으로 생각하는 경향이 많은데 가격 연구도 전환점에 이르렀다고 하겠다.

2. 가격결정

(1) 가격을 결정할 때 채택하는 정책 기준

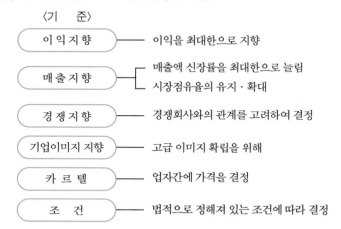

⟨기　준⟩

이 익 지 향 ── 이익을 최대한으로 지향

매 출 지 향 ──┬ 매출액 신장률을 최대한으로 늘림
　　　　　　　└ 시장점유율의 유지 · 확대

경 쟁 지 향 ── 경쟁회사와의 관계를 고려하여 결정

기업이미지 지향 ── 고급 이미지 확립을 위해

카 르 텔 ── 업자간에 가격을 결정

조　건 ── 법적으로 정해져 있는 조건에 따라 결정

표7-1 가격 결정에 영향을 주는 요인

- 제품 코스트
- 영업력
- 판매지역
- 범위
- 품질
- 서비스정도
- 목표로 하는 매출액
- 디자인
- 기업에 있어서 제품의 위치
- 기업의 재무상태
- 독창성
- 유행
- 기업이미지
- 광고비
- 타이밍
- 거래처와 역학관계
- 유통경로
- 수용의 압박도
- 경쟁상태 등
- 물류의 자사담당 범위
- 경기

표7-2 가격결정법

Ⅰ. 자주적으로 결정할 수 없는 가격결정법
   1. 통일가격을 기준하는 결정법
   2. 승인을 받아야 하는 가격결정법
   3. 거래처로부터의 지시
Ⅱ. 자주적으로 결정할 수 있는 가격결정법
   1. 확정적 가격결정법
      • 직관법　　　　　　• 기점 가격제
      • 조사법　　　　　　• 지역별 가격결정법
      • 코스트 플러스법　　• 실험법
      • 기존가격에 맞춤
      • 기능적 유사상품을 참고
   2. 불확정적 가격결정법
      • 입 찰　　　　　　• 경 매

(2) 신제품의 가격결정

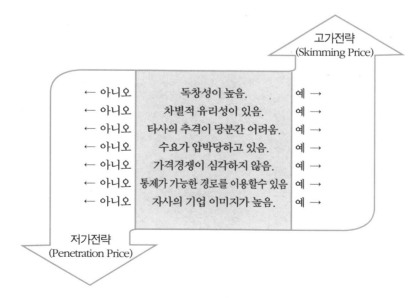

POINT

가격결정은 학문적인 입장에서는 큰 관심사라고 할 수가 있지만 기업측에서는 비교적 경시하고 오히려 마케팅 전략 입안에 보다 많은 노력을 기울이고 있는 실정이다.
만일 가격결정이 잘못되었다고 판단될 경우 즉시 수정하거나 보완 전략을 실시해야 할 것이다.

3. 가격정책

(1) 메이커 입장에서의 가격정책

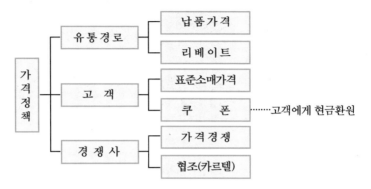

(2) 메이커의 가격 유지 정책

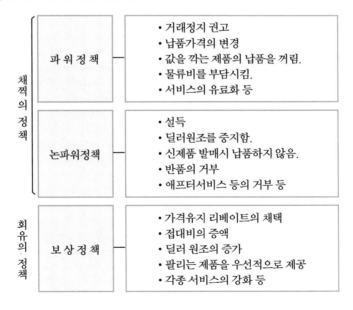

표7-3 메이커 입장에서의 가격정책

고가정책 (High Price)	• 이미지 제고 • 풀 마케팅(Pull Marketing) • 이익률 제고 • 차별화 마케팅 • 유통업자의 선정
중용가정책 (Moderate Price)	• 대중시장을 표적 • 시장점유율 확대 • 유통업자로부터의 신뢰
할인가정책 (Discount Price)	• 시장점유율 확대 • 라이벌 기업의 경영악화 • 유통업자의 확대 • 라이벌 기업의 거래처 취득

(3) 리베이트의 특징

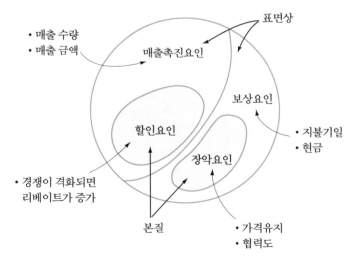

기업은 가격 그 자체의 결정보다는 그 가격으로써 어떻게 유통경로를 통제할 것이냐 하는 문제에 대하여 더 신경을 쓰고 있다. 특히, 유통업자의 입장에서는 마진에 대폭적인 변화가 초래되기 때문에 큰 관심을 표시하지 않을 수 없다. 최근 소매기업의 힘이 매우 커져 가고 있어 메이커의 일방적인 가격정책은 급속하게 쇠퇴하고 있다.

4. 할인

(1) 메이커가 할인하는 이유

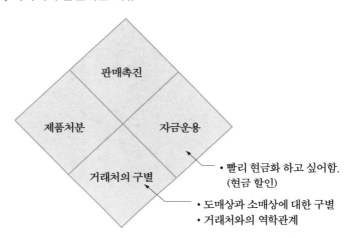

표7-4 매입측이 할인을 요구하기 위해 내 놓은 조건

1. 대량 매입	6. 반품의 매입(타점으로부터의)
2. 현금 매입	7. 훼손품의 인수
3. 물류비의 부담	8. 포장의 제거
4. 딜러 원조의 중단	9. 각종 서비스의 생략 등
5. 가격 할인	

표7-5 메이커가 할인하는 방법

1. 매입 교섭	7. 거래처 할인 (도매와 소매상)
2. 수량 할인	8. 지불 기일 할인
3. 현금 할인	9. 특별할인 (50주년 기념 등)
4. 매입금액 할인	10. 종업원 할인
5. 계절 할인	11. 단골 거래처 종업원 할인 등
6. 지역 할인	

(2) 메이커와 할인점과의 거래교섭

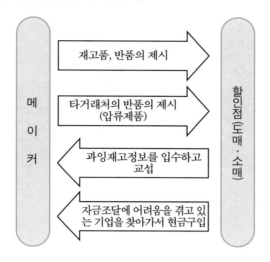

(3) 할인을 배제하기 위한 방안(메이커에 있어서)

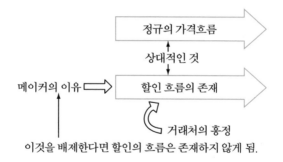

이것을 배제한다면 할인의 흐름은 존재하지 않게 됨.

이렇게 하기 위해서는
1. 생산, 판매예측의 적중화
2. 상표 충성도의 강화
3. 재무내용의 강화
4. 경로 정비 등

제8장 경로전략

1. 경로

경로(Channel)와 동의어
- 유통경로
- 판매경로
- 판매루트
- 루트
- 유통시스템
- 유통채널
- 유통기구

(1) 경로란

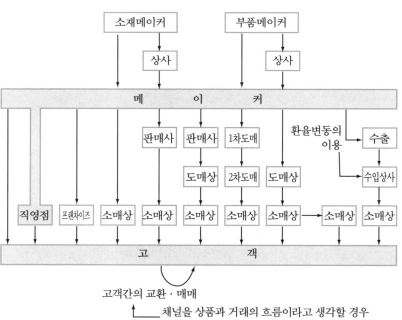

고객간의 교환 · 매매

채널을 상품과 거래의 흐름이라고 생각할 경우 이것도 포함됨.

(2) 채널의 분류

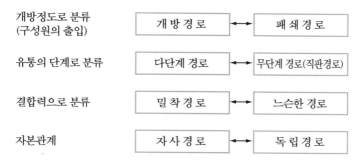

개방정도로 분류 (구성원의 출입)	개 방 경 로	↔	패 쇄 경 로
유통의 단계로 분류	다단계 경로	↔	무단계 경로(직판경로)
결합력으로 분류	밀 착 경 로	↔	느슨한 경로
자본관계	자 사 경 로	↔	독 립 경 로

(3) 광의의 경로 기능

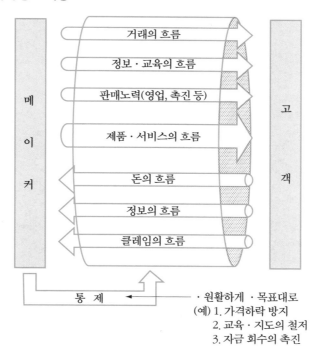

(4) 경로의 변천

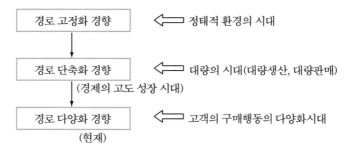

2. 소매상

(1) 소매상이란

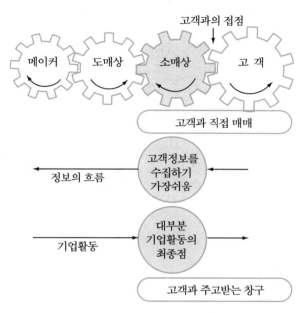

(2) 소매상의 기본적 기능

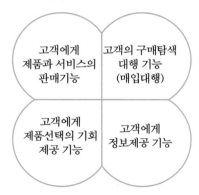

(3) 경로 내에서의 소매상의 위치

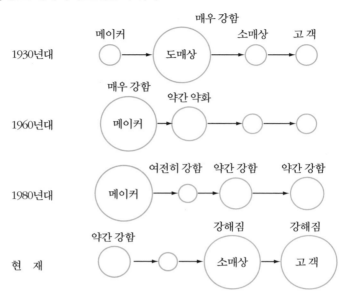

(3) 경로 내에서의 소매상의 위치

메이커의 논리		소매상의 논리
• 제품의 책임을 지는 것이 메이커이므로 가격의 책임을 지는 것도 메이커임. • 따라서 어느 소매상이나 메이커가 책임을 지는 가격으로 판매하는 것이 당연함. • 거래처인 소매상이 곤경에 빠져 있는 것을 묵과 못함. • 소매상에 따라 가격이 다르면 고객의 혼란을 초래함.	충돌	• 가격은 고객이 정하는 것이지 메이커가 일방적으로 정하는 것이 아님. • 고객이 가격을 정하는 권한을 소매상에게 위임하고 있기 때문에 소매상의 판매가격을 메이커가 간섭하는 것은 부당함. • 소매상은 생존경쟁을 하고 있음. • 고객은 각자 만족스러운 가격으로 구입하고 있기 때문에 혼란이 생기지 않음.

3. 도매상

(1) 도매상이란

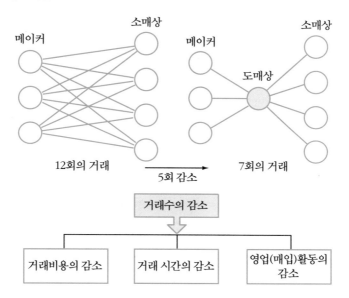

(2) 도매상의 기본적 기능

(3) 도매상의 분류

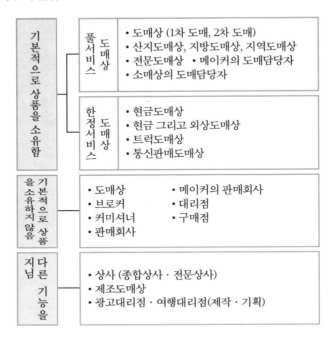

기본적으로 상품을 소유함	풀서비스 도매상	• 도매상 (1차 도매, 2차 도매) • 산지도매상, 지방도매상, 지역도매상 • 전문도매상 • 메이커의 도매담당자 • 소매상의 도매담당자
	한정서비스 도매상	• 현금도매상 • 현금 그리고 외상도매상 • 트럭도매상 • 통신판매도매상
기본적으로 상품을 소유하지 않음		• 도매상 • 메이커의 판매회사 • 브로커 • 대리점 • 커미셔너 • 구매점 • 판매회사
다른 기능을 지님		• 상사 (종합상사 · 전문상사) • 제조도매상 • 광고대리점 · 여행대리점(제작 · 기획)

4. 경로정책

표8-1 무엇때문에 메이커는 경로 정책에 열을 올리고 있는가

1. 가격유지 (가격붕괴 방지)
2. 자사제품 이외의 제품 취급을 금지시키거나 감소시키기 위하여
3. 영업활동의 효율화
4. 물류 활동의 효율화
5. 촉진의 효율화
6. 기업(제품) 이미지의 조정
7. 상품 지원에 의한 고객 서비스의 철저

(1) 경로정책의 진행과정

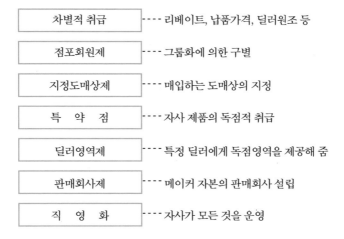

차별적 취급	···· 리베이트, 납품가격, 딜러원조 등
점포회원제	···· 그룹화에 의한 구별
지정도매상제	···· 매입하는 도매상의 지정
특　약　점	···· 자사 제품의 독점적 취급
딜러영역제	···· 특정 딜러에게 독점영역을 제공해 줌
판매회사제	···· 메이커 자본의 판매회사 설립
직　영　화	···· 자사가 모든 것을 운영

(2) 수직적 통합 (Vertical Integration)

Ⅰ. 방향에 의한 분류

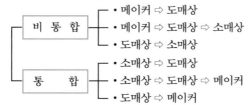

Ⅱ. 내용에 의한 분류

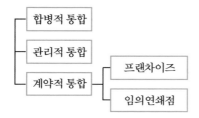

(3) 경로 정책을 효율화시키기 위한 메이커의 매력도

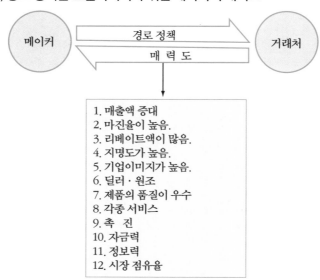

5. 딜러원조

메이커가 도매상이나 소매상에 대하여 실시하는 각종 원조활동을 말한다.

(1) 딜러원조의 기본요소

(2) 딜러 원조의 기본요소의 내용

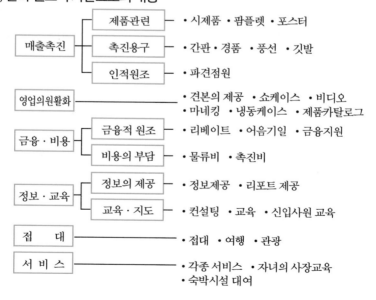

(3) 딜러 원조의 목적

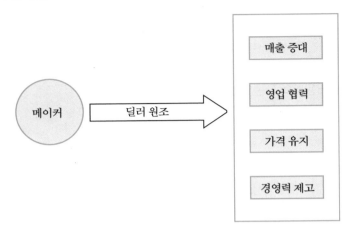

제9장 물적 유통 전략

1. 물적 유통

(1) 물적(物的) 유통과 상적(商的) 유통

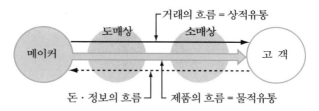

(2) 물적 유통의 기본요소

(3) 물적 유통에서의 관심 문제의 변천

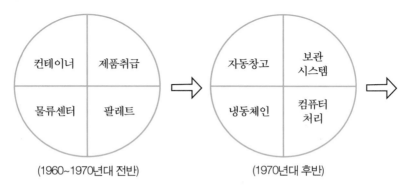

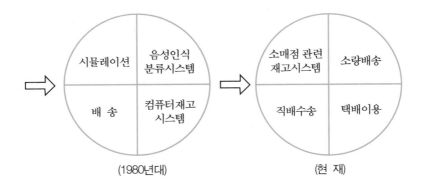

(1980년대)   (현 재)

(4) 메이커의 물적 유통

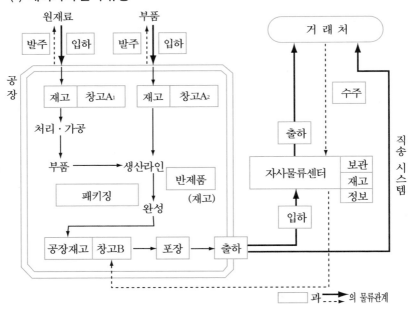

물적유통의 차별적 유리성은 소프트웨어 측면과 하드웨어 측면에서 구할 수가 있다. 소프트웨어 측면에서 노하우의 차별화는 마케팅 믹스 구성요소 중 비교적 타사에게 모방당하기 쉽다. 더구나 하드웨어 측면의 경우는 더더욱 모방 당하기 쉬운 것이다. 아무튼 물적 유통의 목표는 코스트다운과 스피드인데, 그 어느 것도 타사와의 격차를 넓힐 수가 없으며, 물적 유통면에서의 차별화는 현재로서는 그토록 장기간 유지하기가 어렵게 되어 있다.

2. 로지스틱스

로지스틱스(Logistics)란 원래 병참술이라는 말인데, 마케팅에서는 물적 유통 관계에서 사용되며, 그 내용은 물적유통을 보다 전략적 차원에서 다루는 것이다. 인재투입, 자금계획, 생산계획 등 기존의 물적 유통의 구성요인에 없었던 요인까지도 포함하여 보다 종합적으로 전사적 수준에서 생각해 가자는 것이다.

(1) 로지스틱스의 기본요소

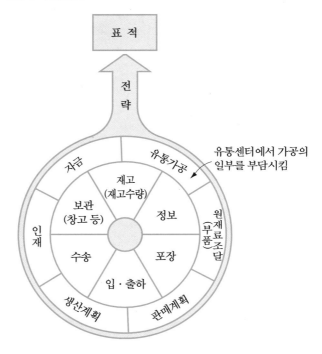

⑵ 공장신설 의사결정에 따른 로지스틱스 (1,2,3 = 중심계획)

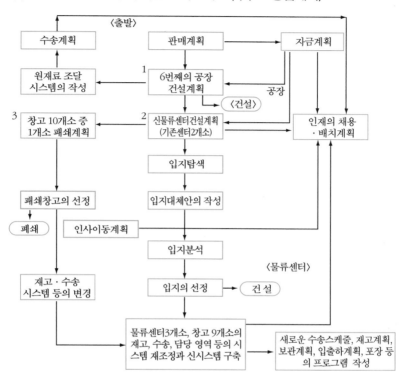

(3) 자사 창고 건설 의사결정

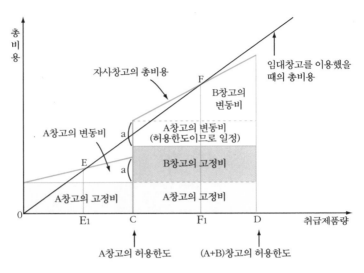

〈올바른 의사결정〉

1. 취급 제품량이 E1까지라면 → 임대창고를 이용하는 것이 좋음.
2. 취급 제품량이 E1~C까지라면 → 창고 A를 건설하는 것이 좋음.
3. 취급 제품량이 C~F2까지라면 → 임대창고를 이용하는 것이 좋음.
4. 취급 제품량이 F2~D까지라면 → 창고 A와 창고 B를 건설하는 것이 좋음.

POINT

물류를 뜻하는 로지스틱스는 프랑스 나폴레옹 군대에서 군수품 조달을 맡은 한 장교에게 붙여진 로지스티크라는 명칭에서 유래되었다. 로지스틱스는 미국에서 병창이라는 군사용어로 사용되다가 기업에서 물류로 구별되어 사용된 후 현재는 로지스틱스(Logistics)로 통용되고 있다.

3. 재고

(1) 재고의 다단계성

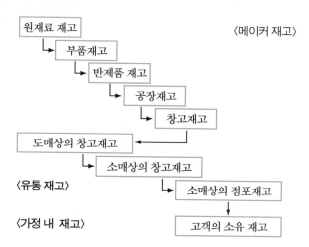

원재료 재고

　└▶ 부품재고

　　└▶ 반제품 재고

　　　└▶ 공장재고

　　　　└▶ 창고재고

도매상의 창고재고 ◀

　└▶ 소매상의 창고재고

〈유통 재고〉

　　└▶ 소매상의 점포재고

〈가정 내 재고〉　　　　고객의 소유 재고

〈메이커 재고〉

(2) 재고의 목적

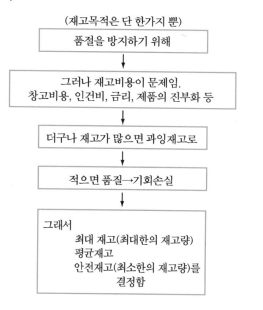

(재고목적은 단 한가지 뿐)

품절을 방지하기 위해

↓

그러나 재고비용이 문제임.
창고비용, 인건비, 금리, 제품의 진부화 등

↓

더구나 재고가 많으면 과잉재고로

↓

적으면 품질→기회손실

↓

그래서
　　최대 재고(최대한의 재고량)
　　평균재고
　　안전재고(최소한의 재고량)를
　　　　결정함

(3) 과잉재고와 기회손실의 균형

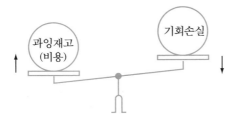

(4) 발주시점과 재고량

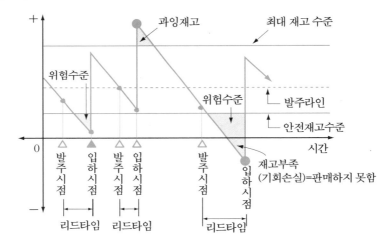

제10장 영업 전략

1. 영업

(1) 영업의 위치

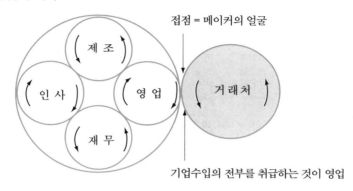

접점 = 메이커의 얼굴

기업수입의 전부를 취급하는 것이 영업

(2) 영업의 기본적 기능의 흐름

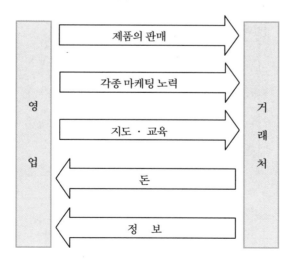

표10-1영업활동에는

- 제품 판매
- 수주
- 신제품의 소개
- 제품의 배달
- 제품의 최종 체크

- 수금
- 신규거래처의 개척
- 가격결정(일부)
- 교육 · 지도
- 정보의 수집

- 촉진 담당자
- 거래처의 영업의 체크
- 타사 제품의 동향을 포착
- 제품의 최종 체크
- 불만의 접수 등

(3) 영업전략이란

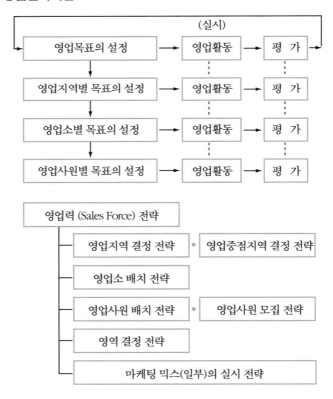

표10-2 영업목표의 결정 과정 (개인수준)

Ⅰ. 명령형 결정 방식
Ⅱ. 제시 - 교섭형 결정 방식 : 상부로부터의 제시와 이에 대한 부하와의 교섭
Ⅲ. 제안 - 승인형 결정방식 : 하부로부터의 제안과 이에 대한 상부의 승인
Ⅳ. 그룹 내 분담형 결정방식 : 그룹에 목표 부여, 그룹에서 각자가 목표를 분담

2. 영업사원 관리

(1) 거래처와 기업과의 접점으로서의 영업사원

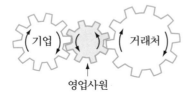

(2) 우리 나라와 미국의 영업관리의 차이

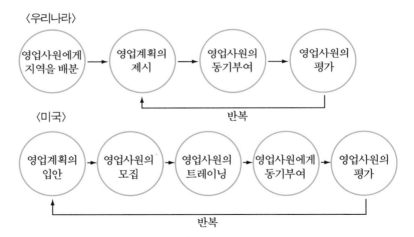

(3) 동기부여의 내용

(4) 영업사원의 순회 루트 결정 모델(최대 각도법)

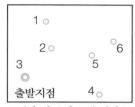

1~6의 단골처를 순회하는
루트의 의사결정. 출발은 3.

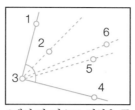

3에서 각 점으로 직선을 긋
고 각도가 가장 큰 1,3,4의
한쪽인 4로 정함. (1도 좋음)

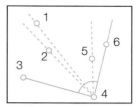

4로부터 각 점에 직선을 긋
고 루트 3,4와 가장 큰 각도
4,6을 선택함.

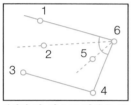

6에서 각 점으로 직선을 긋
고 루트 4,6과 가장 각도가
큰 1,6을 선택함.

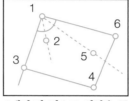

1에서 각 점으로 직선을 긋
고 루트 6,1과 가장 각도가
큰 1,6을 선택함.

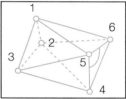

2와 5에서 각 점으로 직선
을 긋고 가장 큰 각도 4,5,6
을 선택함.

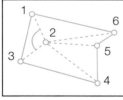

2에서 각 점으로 직선을 긋
고 가장 각도 큰 2,3을 선
택함.

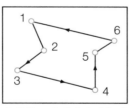

순회루트의 최단거리가 결
정됨.

* 자료 : J.P Norback and R.F Love, "Geometric Approaches to Solving the Traveling
Salesman Problem" Management, (July 1977), 99. 1208 - 1233 을 수정.

3. 영업사원의 평가

(1) 영업사원의 평가 목적

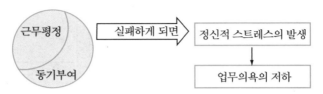

표10-3 평가 담당자

○ : 평가하는 사람

평가 담당자 \ 평가 타입	A	B	C	D	E	F	G	H
직 속 상 사	○	○	○	○	○	○	○	○
다 른 상 사		○	○	○	○		○	○
동 료			○	○	○			○
자신의부하				○	○			
자 기 자 신					○	○	○	○

＊인사부의 평가 제외

(2) 평가방법

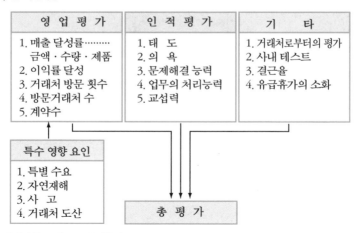

(3) 평가결과 (나쁠때)

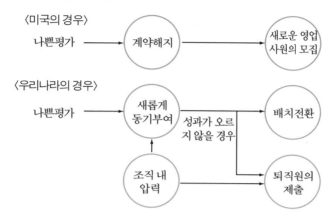

〈미국의 경우〉

나쁜평가 ⟶ 계약해지 ⟶ 새로운 영업 사원의 모집

〈우리나라의 경우〉

나쁜평가 ⟶ 새롭게 동기부여 ⟶ 성과가 오르지 않을 경우 ⟶ 배치전환

조직 내 압력 ⟶ 새롭게 동기부여

조직 내 압력 ⟶ 퇴직원의 제출

POINT

인사평가는 비단 영업사원에게만 국한된 것이 아니라 모든 사원들의 최대의 관심사이다. 이 평가제도는 기업활동에 있어서 종업원의 역할을 크게 좌우하므로 합리적인 방식으로 평가하는 것이 좋다. 그러므로 몇 차례에 걸쳐서 체크하는 시스템을 채용하는 기업이 많다.

4. 제품 카탈로그

(1) 카탈로그의 종류

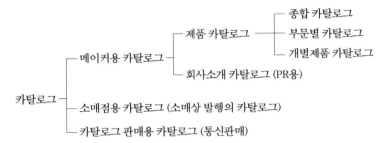

(2) 제품 카탈로그의 발행

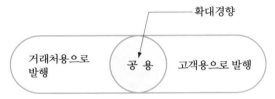

(3) 제품 카탈로그의 이용

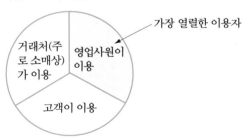

(4) 제품 카탈로그의 기본적 기능

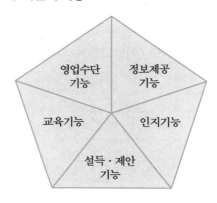

(5) 제품 카탈로그의 발행의사 결정

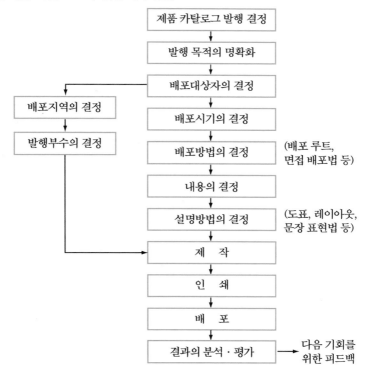

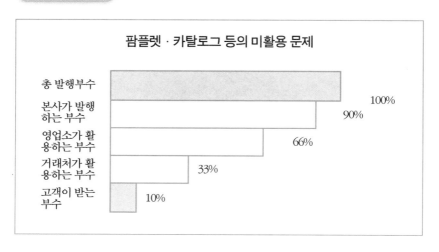

팜플렛 · 카탈로그 등의 미활용 문제

총 발행부수	100%
본사가 발행하는 부수	90%
영업소가 활용하는 부수	66%
거래처가 활용하는 부수	33%
고객이 받는 부수	10%

POINT

'무언의 세일즈맨'이라고까지 일컬어지는 제품 카탈로그는 영업 사원들에게는 물론이고 고객이나 기업에 있어서도 중요한 역할을 하고 있다. 그러나 현실적으로 제품 카탈로그가 전략적으로 제대로 활용되고 있지 못한 실정이다. 앞으로 고객의 고학력화와 더불어 카탈로그의 질적 가치 향상과 집중적인 활용방안이 모색되어야 할 것이다.

제11장 서비스 전략

1. 서비스

서비스란 고객의 만족을 보다 더 흡족하게 충족시켜주기 위해 제품에 부가시켜 제공되는 활동을 말한다.

(1) 서비스의 분류 (시간 순서에 따라)

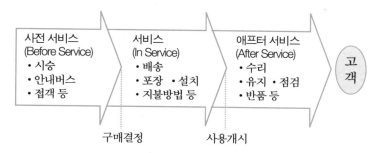

(2) 서비스의 분류 (누가 할 것인가)

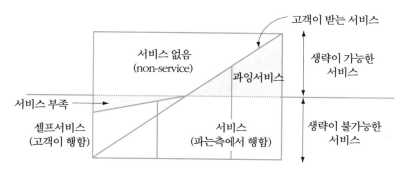

표11-1 서비스의 분류 (가격면)

1. 기본적 서비스 : 서비스 그 자체가 판매하는 물건
2. 선택적 서비스 : 별도로 요금이 계산되는 서비스
3. 부수적 서비스 : 제품가격에 포함된 서비스
4. 무료 서비스 : 무상의 서비스

(3) 서비스의 기본요소

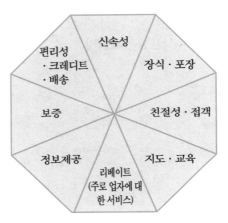

(4) 고객에 대한 서비스의 분담 할당

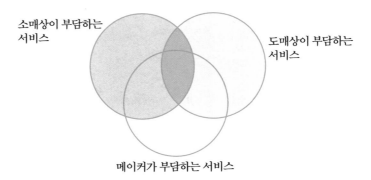

표11-2 메이커의 서비스 전략

고객에 대한 서비스	제품보증 · 수리 · 포장 · 대체교환 등
도매상에 대한 서비스	리베이트 · 판매테크닉의 지도 · 정보제공 등
소매상에 대한 서비스	리베이트 · 파견점원 · 집기비품의 제공 등

POINT

현대를 서비스 시대라고 말할 정도로 고객 서비스에 중점을 두고 있다. 그러나 우리나라 기업들의 서비스 정책은 어쩐지 불안하기만 하다. 모든 고객들에게 만족을 준다는 것은 그리 쉬운 일은 아니다. 여기에는 인적 자원과 시간과 노력이 투입되어야 하는 것이다. 요즘의 고객들은 서비스를 당연한 것처럼 인식하고 있는 사람이 많이 있어서 기업측에서 볼 때에 서비스는 필연적인 것이 되어 버렸다. 앞으로 각 기업은 서비스 전략의 재검토와 아울러 지속적인 개선이 필요할 것으로 생각한다.

2. 쇼룸

(1) 쇼룸(Show Room)이란

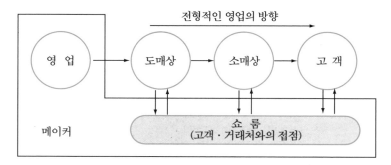

(2) 쇼룸의 기업 내에서의 위치

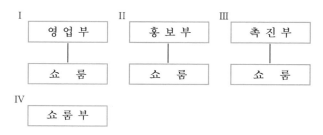

표11-3 쇼룸의 기본적 기능

1. 제품의 소개	7. 신제품의 테스트 판매
2. 거래처와의 상담 장소	8. 촉진의 실험
3. 고객에게 판매	9. 기업이미지의 확립
4. 영업 거점	10. 서비스 활동의 거점
5. 정보 수집	11. 홍보활동의 거점
6. 교육활동	

(3) 쇼룸의 손익문제 (표준적인 경우)

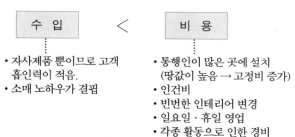

수 입	<	비 용

- 자사제품 뿐이므로 고객
  흡인력이 적음.
- 소매 노하우가 결핍

- 통행인이 많은 곳에 설치
  (땅값이 높음 → 고정비 증가)
- 인건비
- 빈번한 인테리어 변경
- 일요일·휴일 영업
- 각종 활동으로 인한 경비

(4) 쇼룸의 채산면에서의 위치 부여

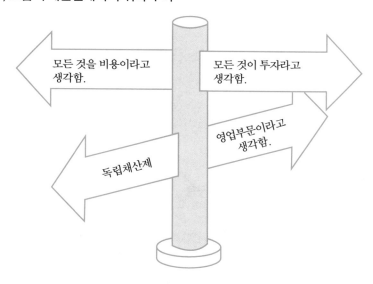

모든 것을 비용이라고
생각함.

모든 것이 투자라고
생각함.

영업부문이라고
생각함.

독립채산제

제12장 축진 전략

1. 축진

축진(Promotion)이란 판매활동을 보다 원활하게 하는 동시에 매출액을 증가시키기 위해 실시되는 모든 판매활동을 말한다.

(1) 축진의 4요소

(2) 광고와 판매축진의 사용구분

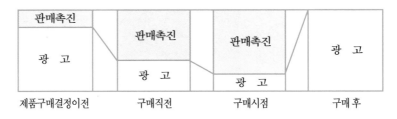

(3) 촉진 Push와 Pull

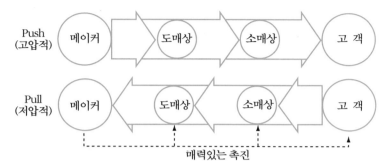

표12-1 촉진의 변천

과　　거	현　　재
• 광고 중시 • 매출 직결형 • 밀어붙이기형 • 투자의식 • 즉흥적 촉진 • 꾸밈형 • 유행 밀어붙이기형 • 해외지향	• 판매촉진의 부활 • 이미지 제고형 • 설득형 • 비용의식 • 계획적 촉진 • 자연형 • 제안형 • 지역지향

(4) 촉진의 매출증가 패턴

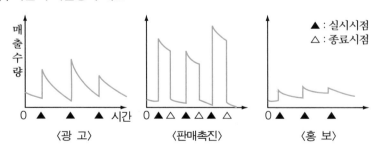

2. 광고

(1) 광고 전략의 입안과 실시과정

(2) 광고와 고객

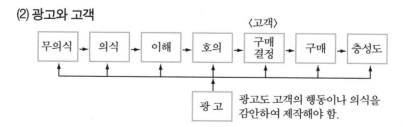

표12-2 광고의 종류

내용 ＼ 연속성	단발광고	시리즈광고
제품광고 (브랜드 포함)	●	●
기업광고 (기업명변경 포함)	●	●
의견 광고 (가격인상, 사과 등)	●	●

기타 ▪ 전국광고 ⟷ 지방광고
　　　▪ POP광고
　　　▪ 공동광고

(3) 광고물 (Advertisement)

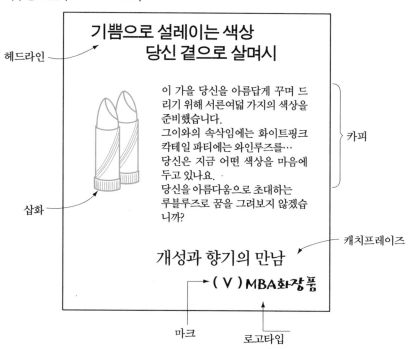

3. 광고효과

(1) 광고효과 측정 과정

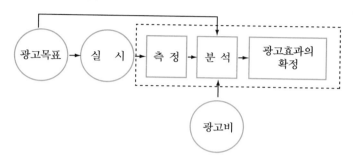

(2) 매출 확대의 광고 효과

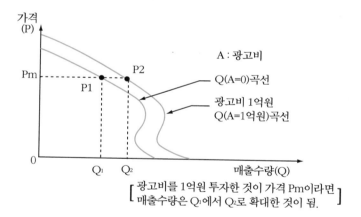

[광고비를 1억원 투자한 것이 가격 Pm이라면
매출수량은 Q1에서 Q2로 확대한 것이 됨.]

표12-3 광고 효과의 측정 항목

1. 매출액의 상승	5. 상기율의 상승
2. 충성도의 상승	6. 망각률의 감소
3. 호의도의 상승	7. 무관심 비율의 감소
4. 이해도의 상승	8. 지명도의 상승 등

(3) 광고비와 광고 효과

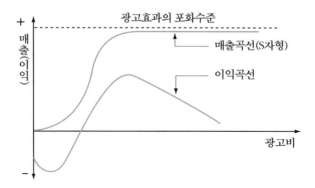

(4) 광고 효과의 종류

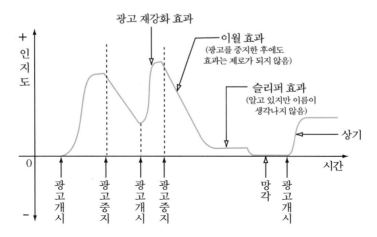

광고 효과의 측정은 광고비용 문제와 관련하여 관심을 쏟지 않을 수 없는데, 어쨌든 측정하기 힘든 분야라는 사실은 부인할 수가 없다. 그러나 광고의 실험계획법을 실시하고 있지 않는 한 광고를 한 번만 한 장소에서 측정하지 않을 수 없으며, 게다가 다른 촉진과의 상승효과를 비교해서 추정하지 않으면 안되기 때문에 정확한 측정이 매우 어렵다. 그렇지만 광고 효과의 측정은 광고를 실시하게 되면 반드시 해야 만 하는 것이기 때문에 기업들은 과거의 광고 효과 측정 정보를 토대로 하여 보다 정확한 측정 결과를 도출하는데 주력하고 있다.

4. 광고매체

표12-4 광고매체(Media)의 종류

주요 매체	기 타 매 체		
• TV • 라디오 • 신문 • 잡지 • 인터넷	• 간판 • 네온 • 차량 • 영화 • 직접우송물(DM) • 카탈로그 등	• 애드벌룬 • 비행선 • 벤치 • 포스터 • 엽서(광고인쇄)	• 팜플렛 • 전화부 • 차내광고 • 티켓(광고인쇄) • 차내, 점포내 방송

(1) 각 매체의 광고 효과

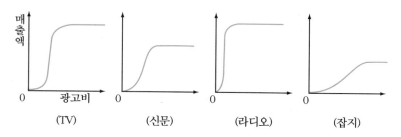

(TV)　　　　　(신문)　　　　　(라디오)　　　　　(잡지)

(2) 미디어의 발전과정

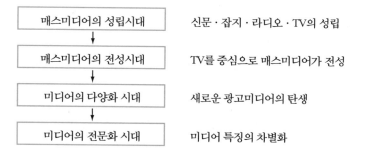

매스미디어의 성립시대	신문 · 잡지 · 라디오 · TV의 성립
매스미디어의 전성시대	TV를 중심으로 매스미디어가 전성
미디어의 다양화 시대	새로운 광고미디어의 탄생
미디어의 전문화 시대	미디어 특징의 차별화

(3) 광고매체 의사결정 모델

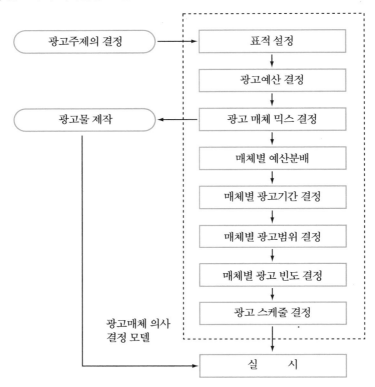

광고주제의 결정	표적 설정
	광고예산 결정
광고물 제작	광고 매체 믹스 결정
	매체별 예산분배
	매체별 광고기간 결정
	매체별 광고범위 결정
	매체별 광고 빈도 결정
	광고 스케줄 결정

광고매체 의사
결정 모델

실 시

POINT

광고매체는 마치 경제의 수준 향상과 정비례하듯이 다양화가 진전
되고 있다. 무한할 정도로 다양화된 광고매체도 시대와 더불어 그
중요도와 주목도는 변화되고, 더욱 더 시대에 발맞추듯 새로운 광
고매체가 계속해서 출현하고 있다. 그러기 때문에 광고주(기업)로
서는 광고매체의 선택문제가 광고 의사결정에서 차지하는 비중이
커지고, 광고매체 선택 여부에 따라 광고 효과가 크게 달라지므로
광고매체의 의사결정을 중시하지 않을 수 없는 것이다.

5. 홍보(Publictity)

(1) 홍보의 타입

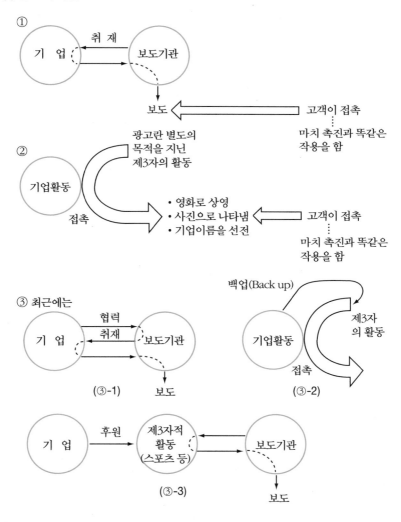

(2) 홍보(Publicity)의 특징

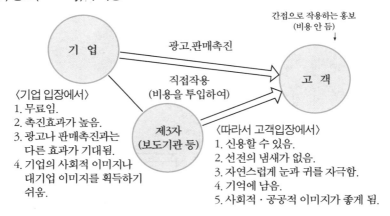

〈기업 입장에서〉
1. 무료임.
2. 촉진효과가 높음.
3. 광고나 판매촉진과는
   다른 효과가 기대됨.
4. 기업의 사회적 이미지나
   대기업 이미지를 획득하기
   쉬움.

〈따라서 고객입장에서〉
1. 신용할 수 있음.
2. 선전의 냄새가 없음.
3. 자연스럽게 눈과 귀를 자극함.
4. 기억에 남음.
5. 사회적 · 공공적 이미지가 좋게 됨.

(3) 스포츠나 문화활동을 통한 홍보의 장점

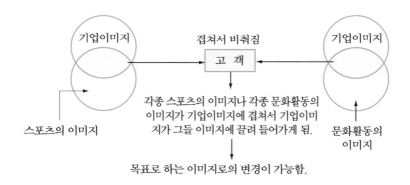

스포츠의 이미지

각종 스포츠의 이미지나 각종 문화활동의
이미지가 기업이미지에 겹쳐서 기업이미
지가 그들 이미지에 끌려 들어가게 됨.

문화활동의
이미지

목표로 하는 이미지로의 변경이 가능함.

POINT

현대와 같이 광고가 범람하는 시대에 살고 있는 고객은 광고에 대한
반응에 무관심해지게 되거나 광고에 대한 불신을 하게 되는 일이 많
은데, 특히 푸시(Push)가 강한 광고에 혐오감을 갖는 경향이 짙다.
따라서 광고를 잘못하면은 오히려 역효과가 나타난다. 그래서 최근
기업측에서 매력을 크게 갖는 것이 홍보(Publicity)이다.

6. 판매촉진

(1) 판매촉진의 기본적 기능

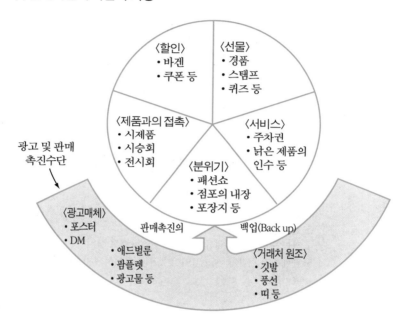

〈할인〉
• 바겐
• 쿠폰 등

〈선물〉
• 경품
• 스탬프
• 퀴즈 등

〈제품과의 접촉〉
• 시제품
• 시승회
• 전시회

〈서비스〉
• 주차권
• 낡은 제품의 인수 등

〈분위기〉
• 패션쇼
• 점포의 내장
• 포장지 등

광고 및 판매 촉진수단

〈광고매체〉
• 포스터
• DM
• 애드벌룬
• 팜플렛
• 광고물 등

판매촉진의   백업(Back up)

〈거래처 원조〉
• 깃발
• 풍선
• 띠 등

(2) 판매촉진의 분류

정기적 판매촉진 ---- 크리스마스세일 · 연말사은세일 · 창업기념 행사 등

부정기적 판매촉진 ---- 신제품 발표회 · 매출촉진캠페인 등

(3) 판매촉진의 목적

표12-5 판매촉진의 최근 경향

1. 전사적 활동으로 전개
2. 판매촉진 믹스의 수준이 아니라, 마케팅 믹스 수준의 전략으로 실시
3. 전국적으로 전개
4. 관리가 행해지는 대규모 판매촉진전략으로 실시
5. 판매촉진 기간 중 매출액이 연간 매출액에서 점유하는 비율이 급속히 높아짐.

(4) 광고와 판매촉진

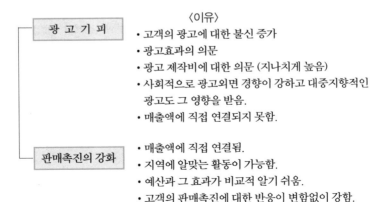

광 고 기 피

〈이유〉
- 고객의 광고에 대한 불신 증가
- 광고효과의 의문
- 광고 제작비에 대한 의문 (지나치게 높음)
- 사회적으로 광고외면 경향이 강하고 대중지향적인 광고도 그 영향을 받음.
- 매출액에 직접 연결되지 못함.

판매촉진의 강화

- 매출액에 직접 연결됨.
- 지역에 알맞는 활동이 가능함.
- 예산과 그 효과가 비교적 알기 쉬움.
- 고객의 판매촉진에 대한 반응이 변함없이 강함.

최근 급속도로 증가하고 있는 것이 판매촉진인데 광고비보다도 판매촉진비를 더 많이 사용하는 기업이 증가하고 있다. 그 이유는 판매촉진은 매출효과가 광고보다 높으며, 방법에 따라서는 광고보다도 기업 이미지의 상승, 장기적 매출증가 효과 등이 높기 때문이다. 그 뿐 아니라 지역성의 고려나 기업에 의한 통제가 용이한 점도 있어 광고 이상으로 그 가치를 인정하는 기업이 늘고 있어서 앞으로 촉진이라는 말만 들어도 판매촉진을 연상하는 시대가 올 것이다.

7. 캠페인

캠페인이란 전사적으로 일정기간 동안 실시되는 대규모적인 판매촉진을
말한다.

(1) 캠페인의 목적

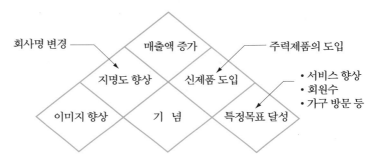

(2) 캠페인의 실제 사례

(3) 최근 캠페인의 특징

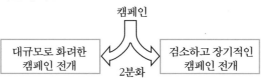

(4) 캠페인 효과 (시보레의 캠페인, GM사)

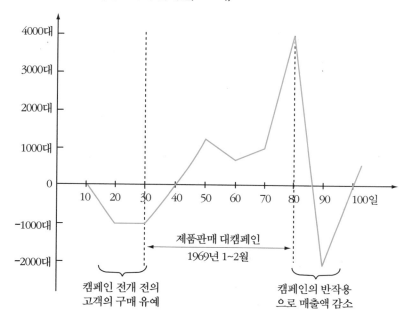

* 자료 : J.P Wallace, "letter to the Marketing Science editor" Management
  Science (December 1970), pp. 259 - 264 를 수정.

POINT

판매촉진 중에서 가장 주목을 끌고 있는 것이 캠페인이다. 이 시
대는 캠페인 전성시대라고도 할 수 있다.
산업계에서 비교적 앞서가고 있다는 화장품업계는 캠페인으로 인
하여 연간 매출액의 절반 이상을 판매하고 있다.
이와 같이 캠페인은 기업과 업계에 있어서 불가역성을 지니고 있
어 한 번 캠페인의 효과를 보게 되면 자동차나, 맥주업계처럼 캠
페인을 중지할 수 없게 되는 경향이 있는 것이다.

제3부
구매의사 결정

Purchase an Intention Decision

MARKETING
BRAIN
PUZZLE

제13장 구매의사결정

1. 고객

(1) 고객이 처해 있는 환경

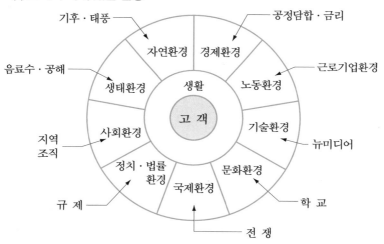

(2) 고객의 다면성

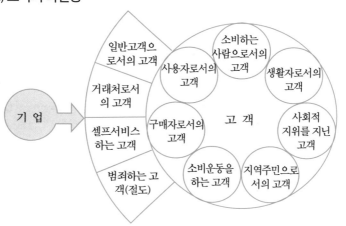

(3) 고객의 복잡성

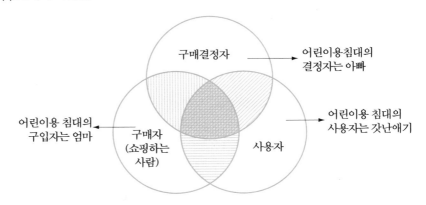

구매결정자

어린이용침대의
결정자는 아빠

어린이용 침대의
구입자는 엄마

구매자
(쇼핑하는
사람)

사용자

어린이용 침대의
사용자는 갓난애기

(4) 주부 A의 다면성

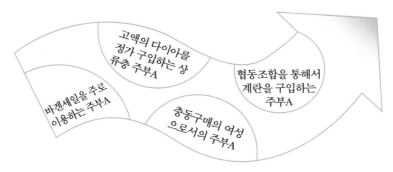

고액의 다이아를
정가 구입하는 상
류층 주부A

협동조합을 통해서
계란을 구입하는
주부A

바겐세일을 주로
이용하는 주부A

충동구매의 여성
으로서의 주부A

POINT

고객의 구매의사결정은 갈수록 까다로와져 가고 있다. 이것은 다양한
욕구, 높은 기대치 등에서 기인한다. 복잡하기 이를 데 없는 고객들
을 제대로 사로잡기 위해서는 구매의사결정에 관한 깊은 연구가 더욱
중요한 때이다.

2. 구매의사결정

(1) 구매의사결정의 단계

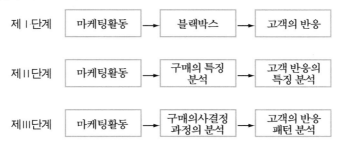

제 Ⅰ 단계 마케팅활동 → 블랙박스 → 고객의 반응

제 Ⅱ 단계 마케팅활동 → 구매의 특징 분석 → 고객 반응의 특징 분석

제 Ⅲ 단계 마케팅활동 → 구매의사결정 과정의 분석 → 고객의 반응 패턴 분석

(2) 구매의사결정의 내부

구매의사결정
구매행동   소비행동

(3) 구매의사결정의 심리적 측면의 기본요소

지각   동기
개성   학습
태도

(4) 구매의사결정의 의사결정 어프로치와 심리적 어프로치

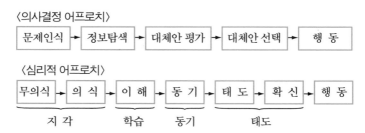

(5) 고객의 제약된 합리성

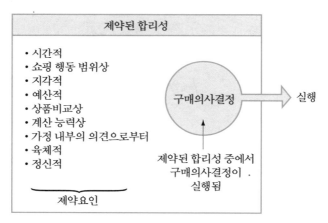

경험법칙

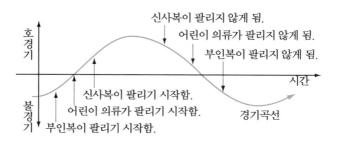

구매의사결정 연구는 기업의 마케팅 활동을 실시함에 있어서 매우 중요한 영역이기 때문에 많은 시도가 행해지고 있다. 그러나 구매의사결정은 장소, 시간, 인종, 민족, 개인행동과 집단행동의 차이 등에 의해 변화되어 나타나기 때문에 추상적인 이론 구축이 매우 어렵다 따라서 많은 연구가 비공식적 개별연구로만 진행될 수 밖에 없기 그 때문에 일반적 패턴을 탐색하는 패턴 연구로 귀결되는 것이다.

3. 구매행동

(1) 고객의 구매행동

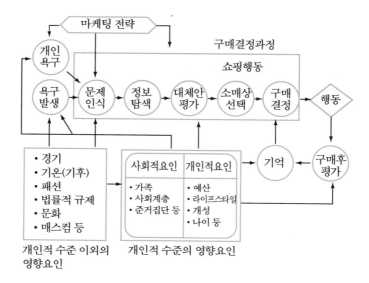

(2) 가정에서의 구매의사결정자

(3) 할인가격을 일반가격으로 환원시켰을 경우의 구매행동의 변화

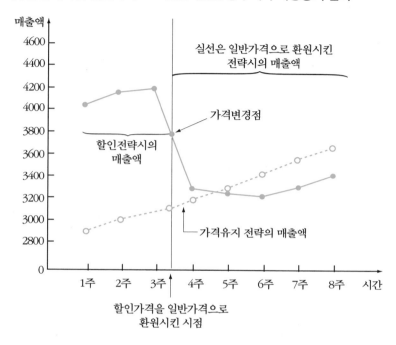

구매행동은 기업에 있어서 관심이 큰 분야인데 특히 소매상에서의 관심은 더욱 크다. 구매행동은 개인의 심리적·지리적 측면, 경기, 교통수단, 가족구성, 지역성 등 많은 요인의 영향을 받으므로 이론화와 예측이 대단히 어렵다.

4. 소비행동

(1) 구매행동과 소비행동과의 관계

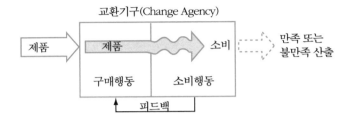

(2) 소비행동의 기본적 기능의 과정

보 관	→	소비를 위한 준비	→	소비(사용)	→	뒷처리

(예)
TV   -   ·스위치를 켬   ·TV를 봄   ·스위치를 끔
식료품   ·냉장고에 넣음   ·요리를 만듬   ·먹음   ·먹다 남은 것을 버림

(3) 소비행동의 기본적 모델

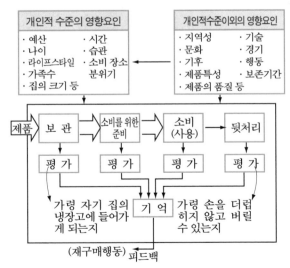

(4) 개인의 소비행동과 소비행동의 패턴

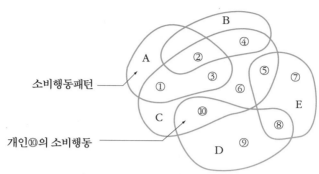

소비행동패턴 —
개인⑩의 소비행동 —

- 개인 ②의 소비행동 패턴은 A,B,C
- 개인 ⑥의 소비행동 패턴은 C
- 기업은 소비행동 패턴 (A~E)중에서 선택한 소비행동 패턴을 표적으로 마케팅 전략을 입안해 나감.

소비행동연구는 구매행동의 연구에 비해 상당히 뒤져있으며, 고객에게 있어서는 불만이 발생하기 쉬운 점도 있기 때문에 고객만족의 충족이라는 점과 소비행동의 연구라는 점에서 앞으로 기대되는 바가 크다. 소비행동연구는 구매행동의 연구와 마찬가지로 패턴연구가 중심이 되고, 기업의 마케팅 전략상으로도 매력있는 연구영역이다.

5. 라이프 스타일(Life Style)

(1) 라이프 스타일(생활양식)의 주요 영향 요인

(2) 라이프 스타일 연구의 종류

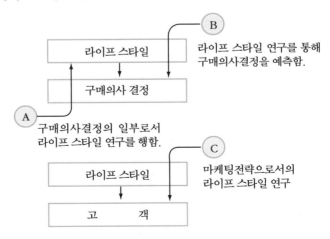

표13-1 구매의사결정에 관한 라이프 스타일 연구의 장 · 단점

장　　점	단　　점
1. 생활이라고 하는 구체성을 강하게 지니고 있으므로 분석이 용이함.	1. 영향요인이 많음.
2. 동태적인 표현이 가능하며, 설득력이 있음.	2. 분석자에 따라서 생활의 평가가 다르기 때문에 공통성이 적고 이론적 체계화가 어려움.
3. 생활이라고 하는 현실적인 어프로치이므로 다방면의 전문가가 참여할 수 있음.	3. 이해가 용이한 개념이지만 깊이 있는 분석이 어려움.
4. 마케팅 전략에 연결시키기가 용이함.	4. 지나치게 넓은 개념이므로 이론적 겉핥기로 끝나는 경향이 있음.
5. 발상법으로서 마케팅 전략에 많은 자극을 줄 수 있는 개념임.	

(3) 라이프 스타일 분석의 예

Ⅰ. 구매의사결정을 생활수준과 비용지출 타입에 의해 분석, 라이프 스타일 타입을 아래와 같이 구체적으로 표현하여 분석.

생활수준	절 약 형	낭 비 형
상 류 층	상류층 절약형	상류층 낭비형
중 류 층	중류층 절약형	중류층 낭비형

Ⅱ. 위의 분석기준에 부합되는 스케일을 생각함.
(예) · 연간수입　 · 저축률　 · 소유상품　 · 관혼상제비
Ⅲ. 설문지 작성
Ⅳ. 설문조사 실시
Ⅴ. 분석 (예) · 타입별 지역분포분석　　 · 타입별 상품의 소유비율 등
Ⅵ. 보고서 작성
Ⅶ. 이 보고서를 토대로 신제품을 알리는 방법, 지역별 판매촉진 등을 검토함.

POINT 라이프스타일은 구매의사결정의 연구상 또는 마케팅 전략 수립상 의의가 있다. 대부분의 고객은 자기 나름대로 생활을 영위하고 있는데, 그 생활패턴을 분석하고 고객이 보다 만족할 수 있는 제품이나 서비스를 제공하거나 구매의사결정의 이론구축을 시도하는 것이다.

6. 패션

(1) 패션이 발생하는 메커니즘

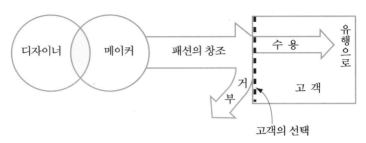

(2) 평균적 유행의 확산모델

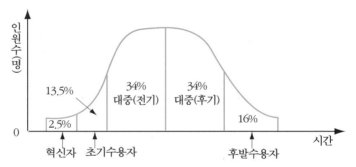

* 자료 : E.M Rogers, Diffusion df Innovation, free Press, 1962, p.162

(3) 패션 사이클

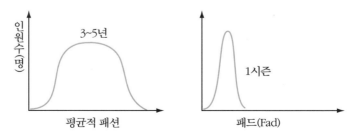

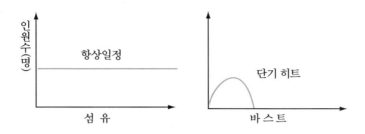

(4) 패션의 확산과정

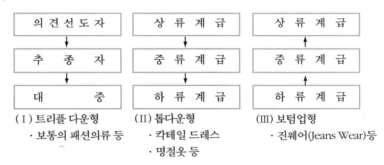

(5) 세계의 패션화 경향

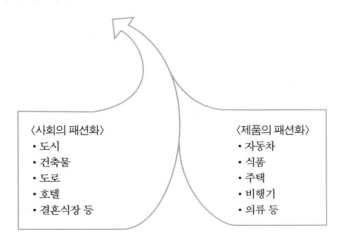

표13-2 기업의 관점에서 본 패션의 장점

- 제품의 계획적 진부화가 가능함.
- 제품 차별화가 가능
- 이익률이 높음.
- 고객이 많은 관심을 보여줌.
- 화제가 되어 촉진에 도움이 됨.
- 중소기업이라도 성공이 가능

POINT

사회의 패션화 경향은 급속히 진전되고 있으며, 특히 사업적인 측면에서의 패션화는 놀라울 정도다. 이 패션화는 한 번 패션화의 방향으로 지향하게 되면 의류, 화장품, 자동차 업계 등에서 볼 수 있듯이 물러설 수 없는 불가피한 성향을 지니고 있으며, 기업은 패션 수준에 의해 업적의 격차가 나타나게 된다. 특히 이익률의 향상이 현저한 반면에 위험도도 높다. 기업의 입장에서는 매력있는 영역임에 틀림이 없다.

7. 크레디트

크레디트(Credit)란 미래의 수입으로 현재 상품을 구입하는 '수입의 선취' 기능을 말한다.

표13-3 크레디트의 종류

1. 일괄지불 (지정일 1회 지불, 보통은 다음 달)
2. 분할지불 (수차례 나누어서 지불. 보통은 10개월)
3. 리볼빙 방식 (처음에 크레디트의 한도액을 정해놓고 그 범위 내에서는 얼마든지 크레디트를 이용할 수 있는 방식으로서 지불방법은 분할지불이 보통인데, 지불이 행해지게 되면 그 금액만큼 크레디트 이용 한도액이 회복되는 시스템)

표13-4 크레디트의 종류 (주체별)

1. 신용판매회사 크레디트
2. 은행계 크레디트
3. 소매상 크레디트
4. 백화점 크레디트
5. 메이커 크레디트

(1) 크레디트의 거래 흐름

① 신용판매, 은행계 크레디트

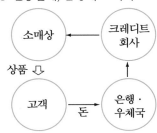

② 소매상계 크레디트

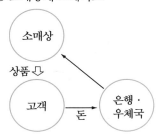

③ 백화점 크레디트

④ 메이커계 크레디트

월부백화점

상품⇩   돈 } 분할지불

고 객

소매상 ← 메이커

상품⇩

고객 → 은행 · 우체국

(2) 고객의 입장에서 본 크레디트의 장점

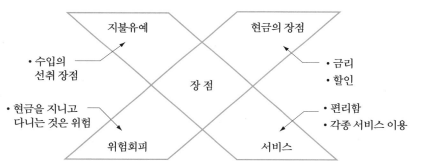

지불유예

현금의 장점

• 수입의 선취 장점

• 금리
• 할인

장 점

• 현금을 지니고 다니는 것은 위험

• 편리함
• 각종 서비스 이용

위험회피

서비스

(3) 기업의 입장에서 본 크레디트의 장점

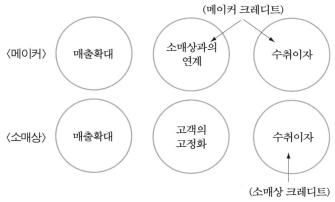

(메이커 크레디트)

〈메이커〉 매출확대   소매상과의 연계   수취이자

〈소매상〉 매출확대   고객의 고정화   수취이자

(소매상 크레디트)

표13-5 크레디트의 단점

고　　객	소　매　상	메　이　커
• 금전 감각의 마비 • 충동구매가 많게 됨	• 자사 크레디트가 아니면 수수료를 지불 • 자사 크레디트의 경우 자금의 고정화 • 자사 크레디트의 경우 회수의 문제	• 자사 크레디트의 경우 자금의 고정화 • 자사 크레디트의 경우 회수의 문제

제14장 이미지

1. 커뮤니케이션

(1) 커뮤니케이션의 기본형

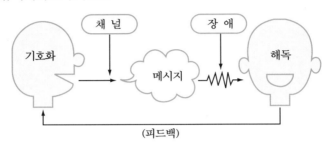

(2) 커뮤니케이션의 강화와 장애

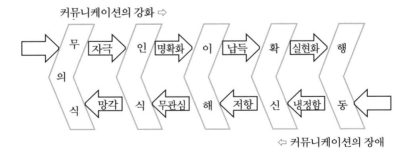

(3) 커뮤니케이션의 종류

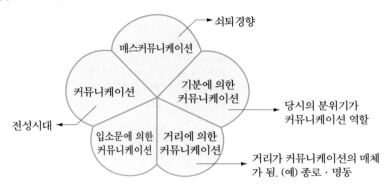

(4) 커뮤니케이션의 종류

(5) 커뮤니케이션 활동

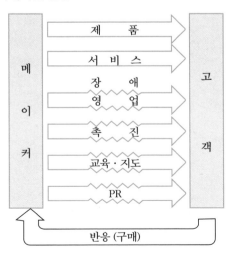

POINT

예전부터 광고를 커뮤니케이션론으로 설명하려고 하는 움직임이 많았다. 그 후 구매의사결정론에서 커뮤니케이션론을 이용하려는 경향이 활발해졌으며 심리학까지 도입되어 기업측으로부터의 작용과 고객의 의식변화의 문제를 다루는 일이 많아졌다. 그 성과는 일단 나타나기는 했지만 아직까지 정착은 되지 못하고 적극적인 전개도 많지 않다.

2. 이미지

이미지(Image)란 대상으로 하는 사상을 파악, 인식을 할 때 인간이 마음 속에 품는 심적 영상을 말한다.

(1) 이미지란

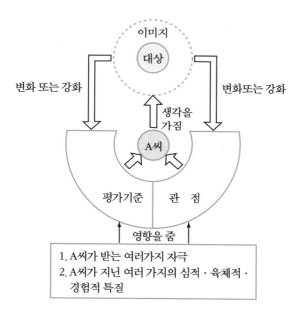

표14-1 이미지의 특징

1. 그 자체가 변화하기 쉬움.
2. 자극에 의하여 창조되거나 변화됨.
3. 인간 행동에 크게 영향을 줌.

(2) 기업이미지란

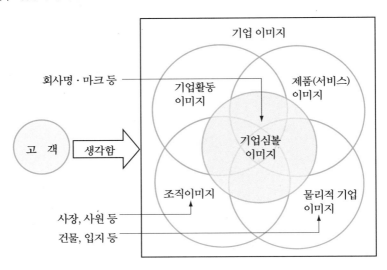

(3) 제품이미지(자동차)

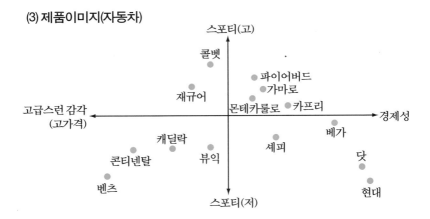

표14-2 메이커가 좋은 이미지의 형성에 성공하게 되면

1. 라이벌 기업과의 차별적 유리성이 실현됨.
2. 매출액 상승의 가능성이 높음.
3. 기업활동이 원활해짐.
4. 신제품 도입의 성공률이 높아짐.
5. 여러가지 단점을 제거해 줌.
6. 거래처와의 관계가 유리하게 됨.
7. 이익폭의 상승이 가능하게 됨.
8. 종업원의 사기앙양에 연결됨.
9. 유능한 사원의 확보가 가능해짐.
10. 융자조건이 좋아짐.

POINT

개개인의 소득수준이 높아지고 많은 제품이 시장에 쏟아져 나오게 되면 구매의사결정에 이미지가 중요한 작용을 하게 된다. 특히 고객들은 대상물을 인식할 때에 추상화하고 단순화시켜서 인식하는 경향이 있으며 제품이나 기업을 하나의 이미지로 인식하는 일이 많다. 그러므로 기업으로서는 이러한 이미지를 역으로 이용하여 마케팅 활동이 보다 유리하게 되도록 연구하는 것이다.

3. CIP(Corporate Identity Programs)

CIP란 기업 이미지 확정전략이나 행동을 말한다.

표14-3 CIP의 방법

1. 제품 이미지의 변혁을 통하여 새로운 기업 이미지의 확정
2. 기업활동 이미지의 변혁을 통하여 새로운 기업 이미지의 확정
3. 조직 이미지의 변혁을 통하여 새로운 기업 이미지의 확정
4. 물리적 기업 이미지의 변혁을 통하여 새로운 기업 이미지의 확정
5. 기업심볼 이미지의 변혁을 통하여 새로운 기업 이미지의 확정

(1) CIP의 좌표

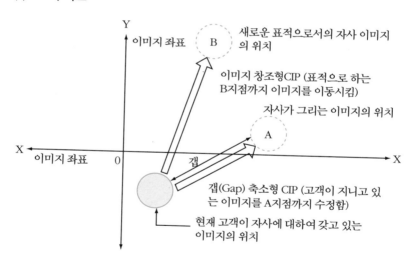

표14-4 CIP를 하게 되는 이유

1. 타사와의 이미지 차별화
2. 현재의 사업활동과 고객이 지니고 있는 이미지를 일치시키기 위하여
3. 이상적인 기업이미지를 확정시키기 위하여
4. 이미지의 제고
5. 나쁜 이미지의 수정
6. 타사가 하기 때문에
7. 회사에 활력을 넣어주기 위하여
8. 촉진의 일종이기 때문에

표14-5 CIP의 문제점

1. 고객이 지닌 기업 이미지는 끊임없이 변화하는 것으로서 고루한 이미지가 때에 따라서는 전통적인 이미지로 변하며, 이미지가 변화했다고 해서 기업 마크나 회사명을 변경시키는 것은 바람직하지 못함.
2. 실패의 확률이 높음(이미지가 개선되지 않고, 매출액이 신장되지 않음).
3. 비용이 많이 듬(CIP전문회사에 의뢰하면 더욱 비용이 들어감).
4. 타사도 CIP를 도입하게 되면 이미지는 상대적인 것이기 때문에 당연히 자사의 기업 이미지도 변화하고 의미가 없어지는 경우가 많음.
5. 마크나 회사명 변경으로 고객의 이미지가 크게 변할 정도로 고객은 그리 단순하지 않음.

4. 시각마케팅

시각마케팅(Visual Marketing)이란 고객의 이해나 납득이 보다 더 촉진될수
있도록 시각에 의한 호소를 중심으로 전개해 나가는 마케팅이다.

(1) 시각 마케팅의 기본적 특징

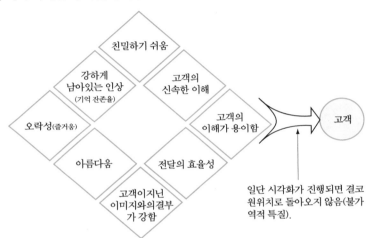

(2) 시각화의 진전 이유

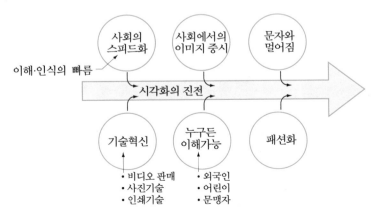

(3) 시각 마케팅의 수단

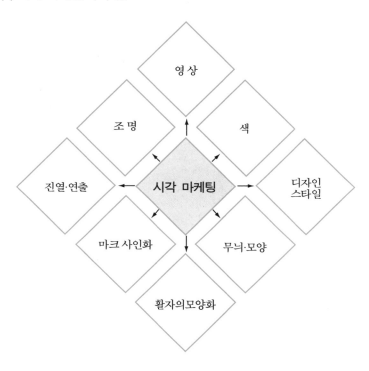

시각 마케팅은 최근의 이미지 중시 경향과 문자이탈 경향에 따라서 급속하게 일반화된 것으로 전부터 소매업계나 패션업계에서는 열심히 연구되어온 분야이다. 시각에 호소하는 마케팅은 상당한 노하우의 축적이 필요하며, 한편 차별화 정책으로도 큰 장점이 있는 분야이다. 시각화는 오디오화와 더불어 사회적으로 커다란 풍조가 되고 있어 마케팅의 새로운 방향으로서도 주목을 끌고있다.

제15장 고객 문제

1.고객 문제

(1) 고객 문제의 발생과정

① 왜 고객 문제가 발생하는가 ?

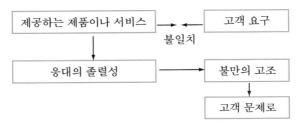

② 불일치의 원인은

1.기업의 고의성
2.기업으로서 예상 밖의 원인
3.고객의 사용법 잘못
4.고객의 요구수준 과대

③ 응대의 졸렬성이란

1.고객을 무시한 응대
2.응대지연
3.태도가 나쁨
4.고객의 책임으로 돌림
5.제품의 반품·교환을 해주지 않음
6.고객에게 비용을 부담시킴 등

(2) 고객 문제의 발생하는 이유

마케팅 관련문제		기 타
• 부당표시 • 고 장		• 공해
• 조 잡 품 • 성능의 조잡		• 금융투자
• 강제판매 • 반품거부		• 상품거래 문제
• 사 기 • 중복판매		• 수입제한문제
• 가격인상 • 부정 계량		• 첨가물 기준문제
• 사용기한 만료제품 판매		• 내용표시 의무가 없음
• 카르텔 행위 등		• 제품의 위험성
		• 제품 기능 기준 등

(3) 고객 문제가 발생한 결과

• 매출액의 저하	• 기업에 대한 불신
• 기업 이미지의 저하	• 기업에 대한 불만
• 사원의 사기 저하	• 기업에 대한 보이코트
• 마케팅 활동의 비효율화	• 불만을 타인에게 털어 놓음 등
• 거래처와의 관계 악화 등	
〈기업측〉	〈고객측〉
⇩	⇩
• 반성의 재료로	• 고객 운동으로
• 시장 기회로	• 타사 제품을 구매

POINT

고객 문제는 생산(판매) 과 소비의 분리가 계속되는 한 존재할 것이다. 그렇다고 해서 방치할 것이 아니라 끊임없이 기업과 고객과의 불일치를 없애는 기업 노력을 하지 않으면 안된다. 이 계속적인 불일치를 바로 잡는 행동은 기업환경에 있어서 적소를 확인하기 위해서도 중요한 것으로서 경우에 따라서는 '불일치의 발생' 이 역으로 생각해 보면 ' 시장기회의 발견' 으로 이어지기도 한다.

2. 고객을 위한 운동

(1) 고객의 권리

표15-1 케네디의 4권리

- 안전해야 할 권리
- 알아야 할 권리
- 선택할 권리
- 정부로부터 보호 받아야 할 권리

표15-2 행동적 권리

- 제품을 사지 않을 권리
- 클레임을 제기할 권리
- 의심나는 제품이나 마케팅에 반대할 권리
- 고객으로서 행동할 권리

(2) 고객을 위한 운동의 발생과정

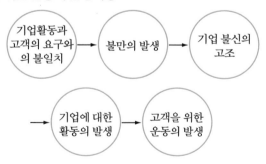

(3) 고객을 위한 운동의 거리감 현상

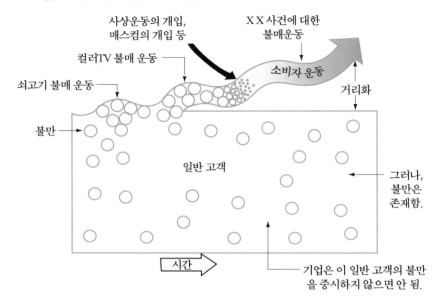

(4) 고객을 위한 운동이 고객을 위한 운동으로 그치지 않는 현상

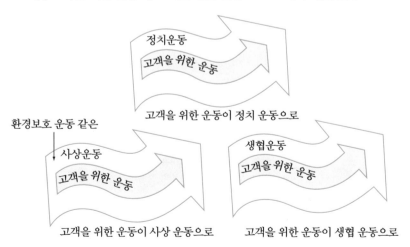

3. 고객 대책

(1) 고객 대책이란

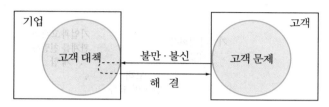

(2) 고객 대책의 내용

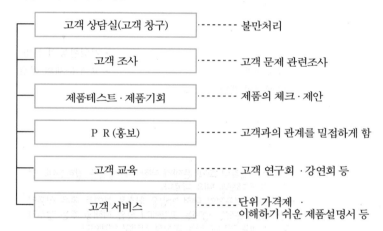

표15-3 고객 대책 활동의 목적

	활 동	목 적
고객 상담실	고객으로부터의 문제처리(수용적)	문제해결
고객 조사	고객에 대한 정보 수집 (적극적)	분 석
제품테스트	제품의 테스트	체크 · 제안
P R	기업으로부터 고객에 대한 활동	고객과의 관계를 밀접하게 함
고객 교육	사회적 활동	고객의 수준을 높임.
고객 서비스	기업활동의 원활화	고객의 납득 · 이해

(3) 고객 대책의 목적

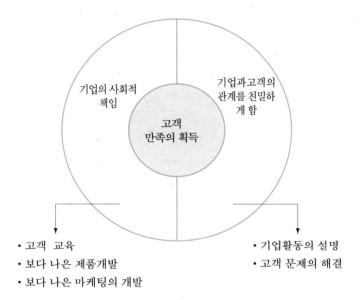

- 고객 교육
- 보다 나은 제품개발
- 보다 나은 마케팅의 개발

- 기업활동의 설명
- 고객 문제의 해결

POINT

고객 대책이란 기업측의 고객 문제에 대한 대처방법을 말하는데, 업계에 따라서 고객 대책은 매우 다르다.
고객 대책에 대해 적극적인 대처 방법을 최초로 보여준 곳은 식품업계이다. 반대로 소극적인 업계는 고객에게 직접 피해를 주는 경우가 적으나 동질적 제품 경쟁을 하는 과점적 상태의 업계이다.
최근의 고객 대책은 지난 날의 단순한 불만 처리업무에서 한걸음 더 나아가 적극적인 고객의 대처가 늘어가고 있다.

4. 제품 테스트

(1) 기업과 고객의 요구 수준의 차이

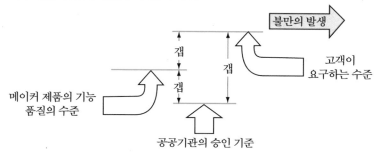

(2) 기업 스스로 제품 테스트실을 설치하여 품질의 수준 향상을 시도함.

제품 테스트의 내용

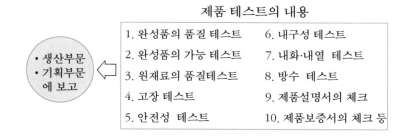

1. 완성품의 품질 테스트	6. 내구성 테스트
2. 완성품의 가능 테스트	7. 내화·내열 테스트
3. 원재료의 품질테스트	8. 방수 테스트
4. 고장 테스트	9. 제품설명서의 체크
5. 안전성 테스트	10. 제품보증서의 체크 등

- 생산부문
- 기획부문
  에 보고

(3) HEIB(Home Economist In Business)의 역할

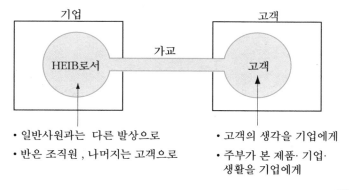

- 일반사원과는 다른 발상으로
- 반은 조직원 , 나머지는 고객으로

- 고객의 생각을 기업에게
- 주부가 본 제품· 기업·
  생활을 기업에게

(4) 제품 테스트 역할의 중요성

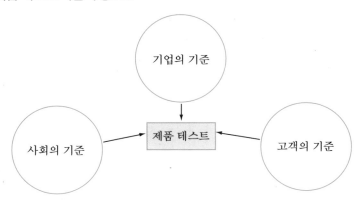

(5) 주방 테스트 (기업 내의 테스트용 주방)

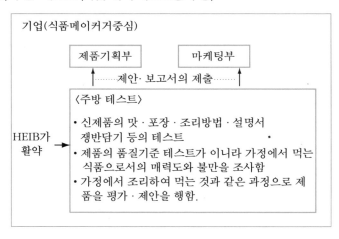

5. PR

PR(Public Relations)이란 기업이나 조직 및 개인이 사회와의 관계를 밀접하게 하기 위해 기업이나 조직 및 개인이 사회에 융합하는 방법을 제시하거나 기업의 사회성을 호소하는 활동이다. 고객이 지니고 있는 기업 이미지를 개선하기위해 현대사회에 있어서 불가피한 활동 이라고 말할 수 있다.

(1) PR활동

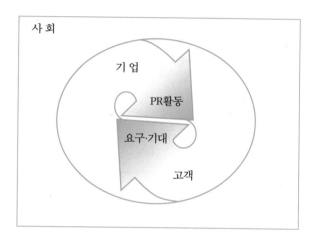

(2) PR활동의 수준

수준 Ⅰ	최저한의 사회적 책임을 수행(PR활동없음)

수준 Ⅱ	사회적 역활을 담당함(기업활동의 일환으로서)

수준 Ⅲ	적극적 사회참여(기업전략의 일환으로서 PR활동이 본격화)

(3) PR활동의 표적

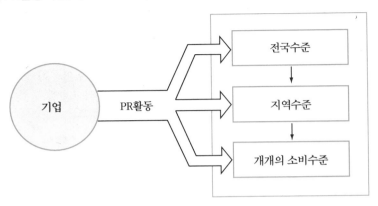

표15-4 PR 활동의 내용

• 문화 · 교육 · 활동의 후원 · 주최	• CATV의 인포머셜
• 스포츠 경기의 후원 · 주최	• 거리 정화운동의 협력
• 체육관 · 홀의 제공	• 공공장소의 제공
• 공장부근 주민의 초대	• 정보 · 노하우의 공개
• 자선사업에 참여	• 공장 견학
• 기부활동	• 공장 내 녹지의 개방
• 빈깡통 회수	• 숙박시설의 개방
• 쓰레기 청소	• 의료시설의 개방
• 청소활동	• 문화시설의 개방
• 교육 · 연구에 자료제공	• 제품 테스트실의 개방
• PR용 팜플렛 작성	• 조사 · 분석 활동에의 초대 등
• 교육 기관의 설치	

POINT

최근에는 PR도 지역지향성을 보이면서 지역주민들과 어떤식으로 커뮤니케이션을 하며, 어떻게 지역에 따고 들어 가느냐 하는 것이 기업 이미지 제고전략과 더불어 중요한 과제가 되고 있다.
PR은 창출한 수익의 사회 환원 활동으로 기업들이 매우 중시하고 있는 윈 - 윈(win-win)활동이다.

6. 디마케팅

디 마케팅(De - Marketing)이란 판매증가 추세에 역행하는 행동을 한다거나, 판매 그 자체를 억제함으로써 제품이나 서비스를 구입한 고객이 더욱 만족할 수 있도록 하는 마케팅을 말한다.

(1) 디 마케팅의 유형

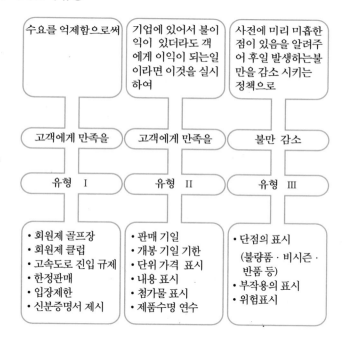

수요를 억제함으로써	기업에 있어서 불이익이 있더라도 객에게 이익이 되는일이라면 이것을 실시하여	사전에 미리 미흡한 점이 있음을 알려주어 후일 발생하는불만을 감소 시키는 정책으로
고객에게 만족을	고객에게 만족을	불만 감소
유형 Ⅰ	유형 Ⅱ	유형 Ⅲ
• 회원제 골프장 • 회원제 클럽 • 고속도로 진입 규제 • 한정판매 • 입장제한 • 신분증명서 제시	• 판매 기일 • 개봉 기일 기한 • 단위 가격 표시 • 내용 표시 • 첨가물 표시 • 제품수명 연수	• 단점의 표시 　(불량품 · 비시즌 · 　반품 등) • 부작용의 표시 • 위험표시

(2) 디 마케팅과 수요

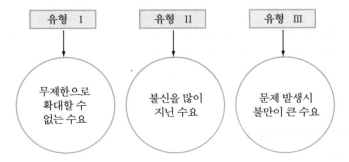

표15-5 용어와 그 내용

단점의표시	제품의 단점(탈색이 됨, 세탁하면 줄어듬, 색이 보기 흉하게 됨 등)의 이유를 판매시에 미리 알려 주어 고객에게 납득을 구한 다음에 구매하도록 하는 방법
개봉기일기한 (Open Dating)	제품이 변질되지 않으며,메이커가 책임을 지고 품질을 보장할 수 있는 기한을 말하는데, 식료품이나 의약품에 사용되는 경우가 많음.
단위가격 (Unit Pricing)	단위수량(g · kg · cm · m · ml 등)의 가격을 말하는데, 각 제품의 가격비교가 쉽도록 하는 표시방법

(3) 디 마케팅과 붐 조성 마케팅

제4부
기타 마케팅

Other Marketing

MARKETING
BRAIN
PUZZLE

제16장 기타 마케팅

1. 산 업 마 케 팅

(1) 산업 마케팅과 마케팅의 차이

① 마케팅

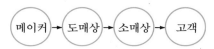

1. (잠재) 고객의 수용가 많음.
2. 건당 거래판량이 적음.
3. 구매자는 통상 일반인임.
4. 고객의 선택이 중시됨.
5. 값의 에누리가 있다있다 해도 소폭임.
6. 이미지가 중요함.
7. 경로 문제가 중요함.
8. 규격품이 중심이 되고 있음.

② 산업 마케팅

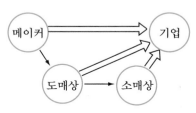

1. 고객의 수요가 한정되어 있음.
2. 건당 거래판량이 큼.
3. 바이어는 매입에 있어 프로급임.
4. 교섭력이 중시됨.
5. 값의 에누리가 대폭적임.
6. 거래조건이 중요함.
7. 경로문제는 그토록 중시되지 않음.
8. 특별사양이 많음.

(2) 바이어의 이면성

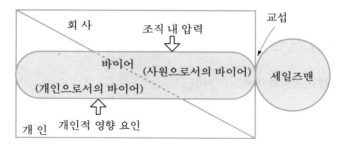

(3) 바이어의 목표와 회사의 목표

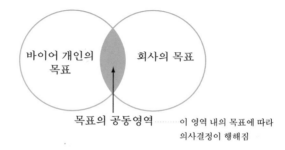

(4) 산업 마케팅과 마케팅 믹스의 중요도의 차이(상대적)

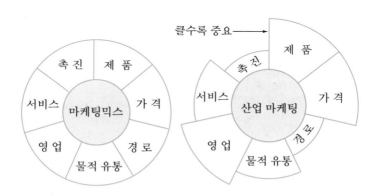

2. 서 비 스 마 케 팅

(1) 서비스업의 분류

원활적 서비스업	• 금융(은행, 증권 등) • 보험 • 운수, 운송 • 창고 · 주선 • 수속 서비스(회계 사, 변호사 등)	• 수리, 정비 • 리스, 대여 • 통신
정신적 서비스업	• 종교단체 • 정치단체	
오락적 서비스업	• 오락(동물원, 레저센터 등) • 스포츠(씨름, 골프, 테니스 등) • 예능(가수, 배우, 고전예능 등)	
정보적 서비스업	• 교육(학교, 학원, 전문학교, 컨설팅 등) • 조사, 처리(조사, 처리, 프로그래밍 등) • 문화, 교양 • 방송(TV, 라디오 등)	
기타 서비스업	• 호 텔 • 병 원 • 이용, 미용 • 목욕탕 • 기획대리(광고, 여행 등) • 세탁소	

⑵ 서비스업 마케팅 믹스

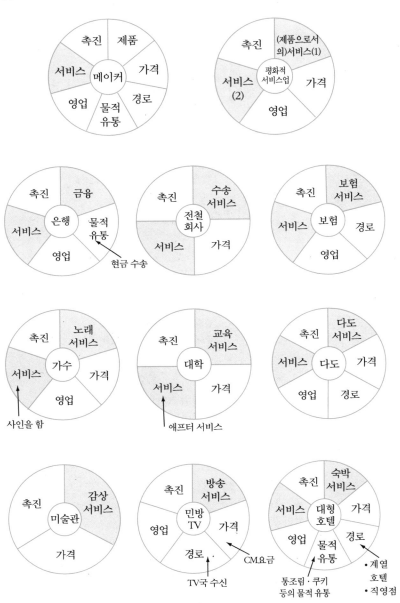

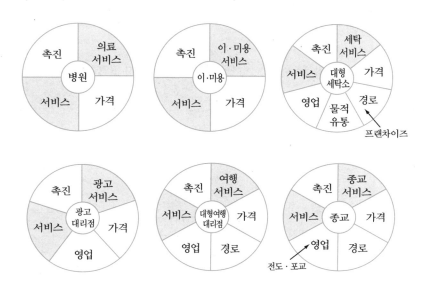

(3) 서비스업 마게팅에 있어서의 기업목적의 명확화의 중요성

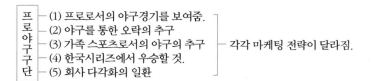

프로야구구단	(1) 프로로서의 야구경기를 보여줌.	각각 마케팅 전략이 달라짐.
	(2) 야구를 통한 오락의 추구	
	(3) 가족 스포츠로서의 야구의 추구	
	(4) 한국시리즈에서 우승할 것.	
	(5) 회사 다각화의 일환	

POINT

서비스화시대, 소프트시대라는 말이 나온 지 오래됐지만 서비스업의 연구는 아직도 미흡하고 마케팅에 있어서도 메이커 중심적인 데 반해, 서비스업은 덜 중시되고 있는 실정이다. 그러나, 마케팅적으로는 대단히 매력있는 영역으로서 앞으로 큰 발전이 예상된다. 그 이유는 서비스업에서는 기업존속이 마케팅적 발상 여하에 따라 결정되는 경우가 많으며, 마케팅성과도 타업종보다도 마케팅발상이 보다 민감하게 나타나기 때문이다.

3. 비영리 마케팅

비영리 마케팅이란 이익추구를 목적으로 하지 않는 조직체의 마케팅을 말한다.

표16-1 비영리 조직이란

	사 적 조 직	공 적 조 직
영 리 조 직	• 파트너십 • 회 사	• 국영철도 • 지하철
비 영 리 조 직	• 사립대학 • 사립미술관	• 정 부 • 국립대학 • 국립병원

(1) 비영리 마케팅이란

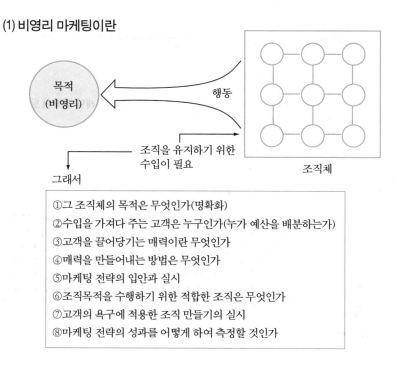

①그 조직체의 목적은 무엇인가(명확화)

②수입을 가져다 주는 고객은 누구인가(누가 예산을 배분하는가)

③고객을 끌어당기는 매력이란 무엇인가

④매력을 만들어내는 방법은 무엇인가

⑤마케팅 전략의 입안과 실시

⑥조직목적을 수행하기 위한 적합한 조직은 무엇인가

⑦고객의 욕구에 적용한 조직 만들기의 실시

⑧마케팅 전략의 성과를 어떻게 하여 측정할 것인가

표16-2 비영리 조직의 종류의 예

(1) 문화적 조직 – 학교, 박물관, 도서관, 문화재단
(2) 사회적 조직 – 병원, 복지시설, 소비자 단체
(3) 종교 조직 – 교회, 사찰, 종교 조직
(4) 정치 조직 – 정부, 정당
(5) 관공 조직 – 재무부, 구청, 소방소
(6) 보호 조직 – 조합, 인권보호단체

(2) 비영리 마케팅의 마케팅 믹스

(3) 비영리 마케팅의 2대 테마

4. 국제 마케팅

(1) 국제 마케팅의 위치

(2) 국제 마케팅의 기본적 방향

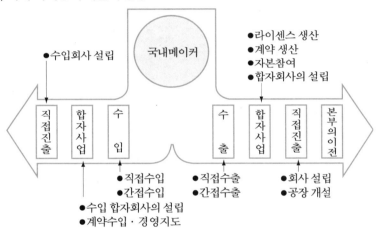

(3) 국제 마케팅의 기본적 의사결정

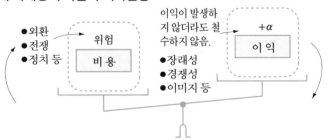

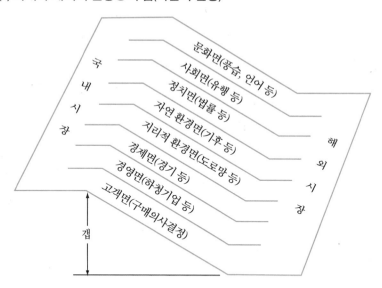

표16-3 해외로 진출하는 이유

1. 국내시장의 한계
2. 국내시장만을 의존했을 때의 위험성 증대
3. 해외시장 높은 이익률
4. 해외시장의 광대한 시장 규모
5. 해외기업의 노하우 흡수
6. 국내 경쟁의 결과
7. 기업이미지의 향상
8. 관련기업(모기업, 거래처 등)의 해외진출 계기마련
9. 조건(외환, 기업유지 등) 의 유리성

(4) 국내와 해외의 환경상의 갭(이질적 환경)

국내시장

문화면(풍습, 언어 등)
사회면(유행 등)
정치면(법률 등)
자연 환경면(기후 등)
지리적 환경면(도로망 등)
경제면(경기 등)
경영면(하청기업 등)
고객면(구매의사결정)

해외시장

갭

5. 영역 마케팅

(1) 영역 마케팅(Area Marketing)의 기본과정

지역 단위의 결정

↓

지역 단위의 분석

↓

지역 단위의 집단화

↓

지역 (영역)의 설정

↓

영역 마케팅 믹스의 개발

(2) 영역 마케팅의 타입

① 시장세분화형

② 연쇄진행적 시장개척형(진지 확보형)

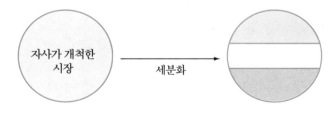

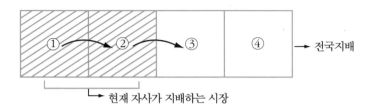

표16-4 영역 마케팅의 이용방법의 차이

	이 용 방 법	최대관심사
선도기업	시장 세분화 전략의 일환으로서 이용	세분화 비용
도전기업	지역을 공격하여 진지확보전략으로서 이용	지역에서 시장 점유율이 1위가 될 것인지 여부
약체기업	생존전략으로서의 지역밀착 전략	이익확보

(3) 영역 마케팅의 특징

〈기본적 특징〉　　　　　　〈장 점〉

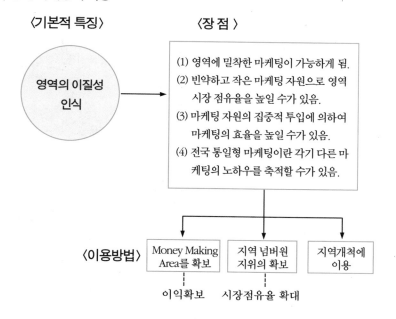

영역의 이질성 인식

(1) 영역에 밀착한 마케팅이 가능하게 됨.
(2) 빈약하고 작은 마케팅 자원으로 영역 시장 점유율을 높일 수가 있음.
(3) 마케팅 자원의 집중적 투입에 의하여 마케팅의 효율을 높일 수가 있음.
(4) 전국 통일형 마케팅이란 각기 다른 마케팅의 노하우를 축적할 수가 있음.

〈이용방법〉　Money Making Area를 확보　｜　지역 넘버원 지위의 확보　｜　지역개척에 이용

이익확보　　시장점유율 확대

6. 타임 마케팅

(1) 타임 마케팅의 시간적 기본 요소

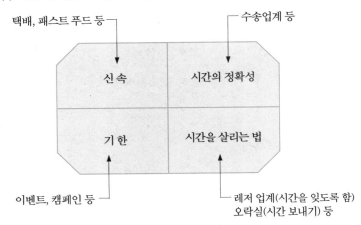

택배, 패스트 푸드 등 ── 신 속

── 수송업계 등 시간의 정확성

기 한

시간을 살리는 법

이벤트, 캠페인 등 ──

── 레저 업계(시간을 잊도록 함)
오락실(시간 보내기) 등

(2) 타임 마케팅의 종류

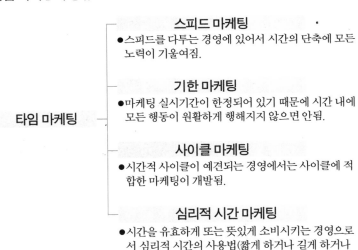

타임 마케팅

스피드 마케팅
● 스피드를 다투는 경영에 있어서 시간의 단축에 모든 노력이 기울여짐.

기한 마케팅
● 마케팅 실시기간이 한정되어 있기 때문에 시간 내에 모든 행동이 원활하게 행해지지 않으면 안됨.

사이클 마케팅
● 시간적 사이클이 예견되는 경영에서는 사이클에 적합한 마케팅이 개발됨.

심리적 시간 마케팅
● 시간을 유효하게 또는 뜻있게 소비시키는 경영으로서 심리적 시간의 사용법(짧게 하거나 길게 하거나 시간을 잊도록 한다)의 마케팅이 개발됨.

표16-5 각종 타임 마케팅 사례

스피드 마케팅		· 뉴스업계(TV, 신문, 라디오), 전달(전화, 속달, 전보, 팩시밀리), 소화물(자택배달, 우편소포), 수송업계(비행기, 철도, 자동차), 세탁기, 전자렌지, 인스턴트 식품 등
기한 마케팅	· 1년에 단 하루 · 4년에 한 기간 · 수년만에 한 기간 · 일정기간내	· 크리스마스, 설, 추석, 발렌타인 데이, 초코렛, 카네이션, 어버이날의 카네이션 등 · 올림픽, 월드컵, 아시안게임 · 만국박람회, 각종기념, 이벤트 등 · 각종 캠페인 등
사이클 마케팅	· 시간대 사이클 · 주(요일) 사이클 · 계절 사이클	· 편의점, 사발면 등 · 영양드링크제, 야외형 쇼핑센터, 동물원 주간지 등 · 수영복, 모피, 생선식품(생선, 과일, 야채 등) 아이스 캔디 등
시간 마케팅 심리적	· 심리적 시간의 단축화 · 심리적 시간을 충분히 가짐. · 시간을 잊게 함	· 오락실(기다리는 시간 보내기) 등 · 휴양지 등 · 오락, 취미 등

(3) 주 사이클 마케팅

(잘 팔리는 상품 그리고 바쁜 영업)

월	화	수	목	금	토	일
· 영양드링크제 · 주간지 · 사진현상 · 자동차의 수리 · 병원	· 이발소		· 문화교실	· 술 · 빠·카바레 · 호텔 · 술집 · 오락실	· 주유소 · 은행의 현금 인출기 · 소매점	· 백화점 · 야외쇼핑 센터 · 동물원 · 유원지 · 관광지

POINT

마케팅을 시간적 공간에서 전개해 나가는 것이 타임 마케팅인데 학계보다도 산업계에서 적극적으로 다뤄지고 있다. 시간이 보다 큰 가치를 지니게 된 우리 나라에서도 타임 마케팅에 대한 관심이 계속 높아질 것으로 생각된다. 또한 역으로 사회의 노령화에 따라서 시간을 어떻게 소비하느냐 하는 타임 마케팅도 주목을 받게 될 것이다.

7. 문화 마케팅

문화 마케팅(Culture Marketing)이란 문화 그 자체를 마케팅 활동의 중심에 두고 문화를 판매한다는 것이 아니라 기업이 제품이나 서비스를 판매할 때 문화적 활동과 병행하여 판매한다는 것으로서 이미지업 전략으로서 사용된다.

(1) 문화 마케팅이란

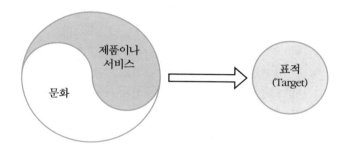

(2) 문화 마케팅의 실제 활동

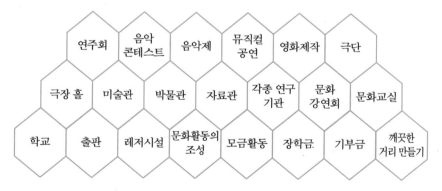

표 16-6 문화 마케팅의 장단점

장 점	단 점

· 기업의 사회적 역할수행 의식
· 기업의 이미지 제고
· 신제품 전략에 이용
· 영업사원의 백업
· 경영자의 만족감
	· 비용이 비싸게 먹힘
	· 채산성이 나쁨
	· 활동의 인식이 일부 사람에게 국한
	  되는 경우가 많음
	· 조직간의 대립이 발생하는 일도 있음
	  (문화조직↔재무 · 영업조직)

(3) 문화 마케팅의 예

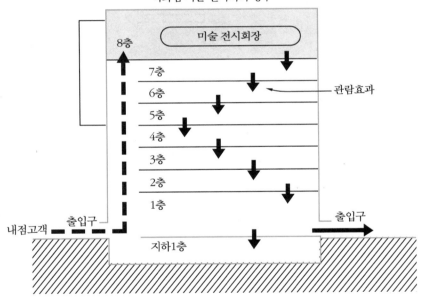

－백화점 미술 전시회의 경우－

8. 이벤트 마케팅

이벤트 마케팅이란 특정기간 개최하는 이벤트를 주최 · 후원함으로써 간접적으로 기업의 촉진을 행하는 마케팅을 말한다.

(1) 이벤트 마케팅이란

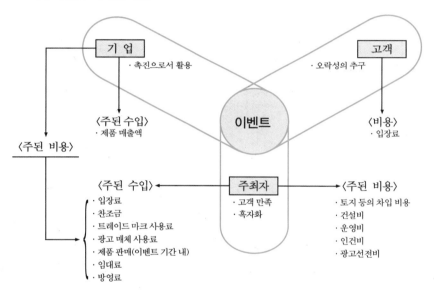

표16-7 이벤트 마케팅의 장단점

장 점	단 점
· 지명도의 상승 · 많은 고객과의 접촉 가능성 · 대기업의 이미지를 만들어낼 가능성 · 홍보 효과가 있음. · 이벤트의 내용을 기업이미지와 결부시킬 수 있음. · 신제품 테스트도 가능함.	· 이벤트의 내용에 따라서는 효과가 전혀 없음. · 비용이 높아짐. · 보통 단기적임 · 이벤트 제품이 팔다가 남을 염려가 있음. · 타사와의 촉진경쟁으로 이미지가 약 화됨.

(2) 이벤트 마케팅의 종류

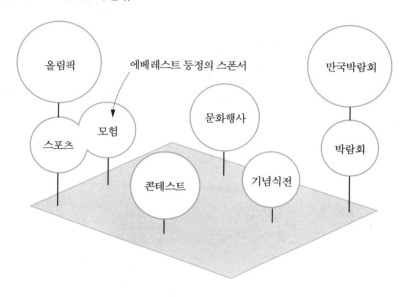

POINT

이벤트는 기간이 한정적이지만 고객과 기업에게는 매력이 있는 부문이다. 그런데, 이벤트는 주최자에게 있어서 스폰서나 협찬기업이 존재하지 않는다면 이벤트 그 자체의 운영이 불가능하게 된다. 한편, 이벤트가 지역경제에 미치는 경제효과는 매우 커서 Event Marketing은 커다란 관심을 모으게 될 것이다.

참고문헌

1) Aaker, D. A. and G. S. Day, Consumerism, 4th de., Free Press, 1982.

2) Ackoff, R. L., A Concept of Corporate Planning, Wiley, 1970.

3) Alderson, W., Dynamic Marketing Behavior, Irwin, 1965.

4) Alderson, W., Marketing Behavior and Executive Action, Irwin, 1957.

5) Alderson, W. and P. E. Green, Planning and Problem solving in Marketing, Irwin, 1964.

6) Amstutz, A. E., Computer Simulation of Competitive Market Response, MIT Press, 1967.

7) Ansoff, H. I., Corporate Strategy, McGraw-Hill, 1965.

8) Anthony, R. N., J. Dearden, and N. M. Bedford, Management Control Systems, 5th de., Irwin, 1984.

9) Assael, H., Consumer Behavior and Marketing Action, Kent Pulishing, 1984.

10) Ballou, R. H., Business Logistics Management, 2nd ed., Prentice-Hall, 1985.

11) Barnard, C. I., The Function of the Executive, Harvard University Press, 1968.

12) Bass, F. M., C. W. King, and E. A. Pessemier, Applications of the Sciences in Marketing Management, Wiley, 1968.

13) Berelson, B. and G. A. Steiner, Human Behavior, Harcourt Brace Jovanovich, 1964.

14) Bucklin, L. P., Competition and Evolution in the Distributive Trades, Prentice-Hall, 1972.

15) Chamberlin, E. M., The Theory of Monopolistic Competition, Harvard University Press, 1956.

16) Chandler, A. D., Jr., Strategy and Structure, MIT Press, 1962.

17) Cole, R. H., Consumer and Commercial Credit Management, 5th ed., Irwin, 1976.

18) Cox, D. F. and R. E. Good, "How to Build a Marketing Information System," Harvard Business Review (May-June 1967), pp. 145-154.

19) Dalrymple, D. J., Sales Management, 2nd ed., Wiley, 1985.

20) Dalrymple, D. J. and L. J. Parson, Marketing Management, 4th ed., Wiley, 1986.

21) Davis, H. L. and B. P. Rigaux, "Perception of Marital Roles in Decision Processes," Journal of Consumer Research(June 1974), pp. 51-60.

22) Day, G. S., Strategic Market Planning, West Publishing, 1984.

23) Donnedly, J. H. and W. R. George, (eds.), Marketing of Services, AMA, 1981.

24) Drucker, P. F., Management, Harper & Row, 1974.

25) Engel, J. F., R. D. Blackwell, and P. W. Miniard, Consumer Behavior, 5th ed., Dryden Press, 1986.

26) Engel, J. F., M. R. Warshaw, and T. C. Kinnear, Promotional Strategy, 5th ed., Irwin, 1983.

27) Foxall, G. R., Corporate Innovation, ST. Martin' s Press, 1984.

28) Frank, R. E., W. F. Massy, and Y. J. Wind, Market Segmentation, Prentice-Hall, 1973.

29) French, W. L. and C. H. Bell, Jr., Organization Development, 3rd ed., Prentice-Hall, 1984.

30) Gibson, James L., John M. Ivancevich, and James H. Donnelly, Jr., Organizations, 3rd ed., Business Publications, 1979.

31) Green, P. E. and D. S. Tull, Research for Marketing Decisions, 4th ed., Prentice-Hall, 1978.

32) Hanan, M., Life-Styled Marketing, AMA, 1972.

33) Hawes, J. M., Retailing Strategies for Generic Brand Grocery Products, UMI Research Press, 1982.

34) Hawkins, D. I., K. A. Coney, and R. J. Best, Consumer Behavior, Business Publications, 1980.

35) Hise, R. T., P. L. Gillette, and J. K. Ryans, Jr., Basic Marketing, Winthrop, 1979.

36) Howard, J. A., Consumer Behavior, McGraw-Hill, 1977.

37) Howard, J. A. and J. N. Sheth, The Theory of Buyer Behavior, 1969.

38) Hunt, S. D., (ed), Marketing Theory, Irwin, 1983.

39) Jacoby, J. and R. W. Chesnunt, Brand Loyalty, Wiley, 1978.

40) Janger, A. R., Corporate Organization Structures, Conference Board, 1977.

41) Katz, E. and P. F. Lazarsfeld, Personal Influence, Free Press, 1955.

42) Kinnea, T. C. and J. R. Taylor, Marketing Research, McGraw-Hill, 1983.

43) Kotler, P., Marketing for Nonprofit Organizations, Prentice-Hall, 1975.

44) Kotler, P., Marketing for Nonprofit Organizations, 2nd ed., Prentice-Hall, 1982.

45) Kotler, P., Marketing Management, 4th ed., Prentice-Hall, 1980.

46) Kotler, P., Marketing Management, 5th ed., Prentice-Hall, 1984.

47) Kotler, P., Principles of Marketing, Prentice-Hall, 1980.

48) Kotler, P. and P. N. Bloom, Marketing Professional Services, Prentice-Hall, 1984.

49) Kotler, P. and G. N. Lilien, Marketing Decision Making, 2nd ed., Harper & Row, 1983.

50) Kotler, P. and S. J. Levy, "Buying is Marketing, Too," Journal of Marketing.

(January 1973), pp. 54-59.

51) Kotler, P. and S. J. Levy, "Demarketing Yes, Demarketing," Harvard Business Review, (November-December 1971), pp. 74-80.

52) Kurta, D. L., H. R. Dodge, and J. E. Klompmaker, Professional Selling, Business Publications, 1976.

53) Lazer, W., Marketing Management, Wiley, 1971.

54) Lazer, W. and J. D. Cully, Marketing Management, Houghton Mifflin, 1983.

55) Lazer, W. and E. J. Kelly, Social Marketing, Irwin, 1973.

56) Lawrence, P. R. and J. W. Lorsch, Organization and Environment, Irwin, 1967.

57) Levitt, T., Innovation in Marketing, McGraw-Hill, 1962.

58) Levitt, T., Marketing for Business Growth, McGraw-Hill, 1969.

59) Levitt, T., The Marketing Imagination, Free Press, 1983.

60) Levitt, T., The Marketing Mode, McGraw-Hill, 1969.

61) Levitt, T., "Marketing Myopia", Havard Business Review, (July-August 1960), pp. 45-56.

62) March, J. G. and H. A. Simon, Organization, Wiley, 1958.

63) Marquis, H. H., The Changing Corporate Image, AMA, 1970.

64) Mauser, G. A., (ed.), Political Marketing, Praeger Publishers, 1983.

65) McCarthy, E. J. and W. D. Perreault, Jr., Basic Marketing, 8th ed., Irwin, 1984.

66) Mills, P. K., Managing Service Industries, Ballinger Publishing, 1986.

67) Miracle, G. E. and G. S. Albaum, International Management, Irwin, 1970.

68) Mitchell, A., Changing Values and Lifestyles, SRI Internatioal, 1981.

69) Monroe, K. B., Pricing, McGraw-Hill, 1979.

70) Patton, J. D., Jr., Logistics, Solomon Press, 1986.

71) Pearce, C. G., R. Figgins, and S. P. Golen, Principles of Business Communication, Wiley, 1984.

72) Pessemier, E. A., Product Management Strategy and Organization, Wiley, 1982.

73) Piercy, N., Marketing Organization, George Allen & Urwin, 1985.

74) Porter, M. E., Competitive Advantage, Free Press, 1985.

75) Porter, M. E., Competitive Strategy, Free Press, 1980.

76) Robock, S. H. and K. Simmonds, International Business and Multinational Enterprises, 3rd ed., Irwin, 1983.

77) Rogers, E. M., Diffusion of Innovation, 3rd ed., Free Press, 1983.

78) Schiffman, L. G. and L. L. Kanuk, Consumer Behavior, 2nd ed., Prentice-Hall, 1983.

79) Schultz, R. L. and A. A. Zoltners, Marketing Decision Models, North Holland, 1981.

80) Scott, J. D., M. R. Warshaw, and J. R. Taylor, Introduction to Marketing Management, 5th ed., Irwin, 1985.

81) Simon, H. A., Adminitrative Behavior, 3rd ed., Free Press, 1976.

82) Simon, H. A., Models of Bounded Rationality, MIT Press, 1982.

83) Simon, H. A., The New Science of Management Decision, Ford Publishing, 1960.

84) Simon, H. A. and A. Nwell, Human Problem Solving, Prentice-Hall, 1972.

85) Stasch, S. F., Systems Analysis for Marketing Planning and Control, Scott, Foresman & Co., 1972.

86) Stern, L. W. and A. I. El-Ansary, Marketing Channels, 2nd ed., Prentice-Hall, 1982.

87) Stoner, J. A. F. and C. Wankel, Management, 3rd ed., Prentice-Hall, 1986.

88) Strong, E. P. and R. D. Smith, Management Control Models, Holt, 1968.

89) Urban, G. L. and J. R. Hauser, Design and Marketing of New Products, Prentice-Hall, 1980.

90) Wasson, C. R., Dynamic Competitive Strategy and Product Life Cycles, Austin Press, 1978.

91) Webster, F. E., Jr. and Y. J. Wind, Organizational Buying Behavior, Prentice-Hall, 1972.

92) Wilson, A. The Marketing of Professional Services, McGraw-Hill, 1972.

93) Wind, Y. J., Product Policy, Addison-Wesley, 1982.